AF314768

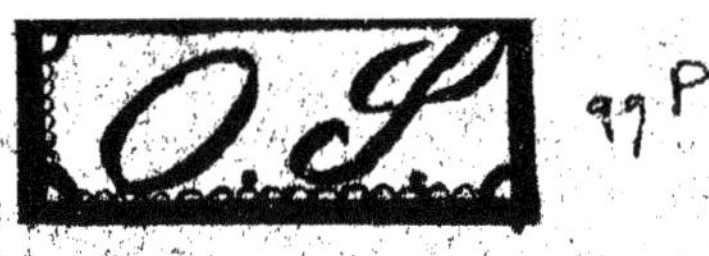

Collection

de Feu

M. HENRI CHASLES

PARIS — DÉCEMBRE 1907

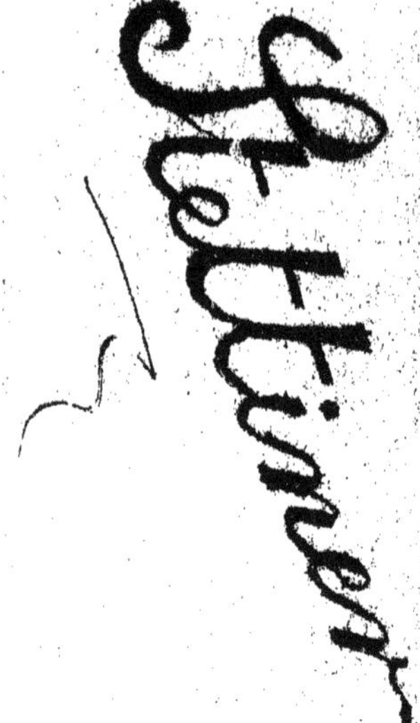

PARIS

TYPOGRAPHIE PLON-NOURRIT ET C¹ᵉ

8, RUE GARANCIÈRE — 6ᵉ

D.ᵗ Follen

707. @ 100 —
649 @ 150 —
65 @ 250 —

COLLECTION

DE

FEU M. HENRI CHASLES

ORFÈVRERIE FRANÇAISE DU XVIIIᴱ SIÈCLE

ARGENTERIE — PLAQUÉ — POMPONNE

ANCIENNES PORCELAINES TENDRES FRANÇAISES

NOMBREUSES PORCELAINES DE SÈVRES
CHANTILLY — SAINT-CLOUD — MENNECY, ETC., ETC.
PORCELAINES DE LA CHINE ET DU JAPON

OBJETS D'ART ET D'AMEUBLEMENT
DU XVIIIᴱ SIÈCLE

GRAVURES — DESSINS — MINIATURES — TABLEAUX
OBJETS DE VITRINE — SCULPTURES
PENDULES — CANDÉLABRES — VASES — APPLIQUES — BRONZES D'ART
MEUBLES ET SIÈGES ANCIENS ET MODERNES
TAPISSERIES ANCIENNES — TENTURES — TAPIS, ETC.

Le tout composant la Collection de
feu M. Henri CHASLES

et dont la vente aux enchères publiques aura lieu, par suite de son décès

HOTEL DROUOT, SALLES 9, 10 ET 11 RÉUNIES
du Lundi 9 au Samedi 14 Décembre 1907

ET SALLES Nᵒˢ 9 ET 10 RÉUNIES
du Lundi 16 au Mercredi 18 Décembre 1907

A DEUX HEURES PRÉCISES

COMMISSAIRE-PRISEUR
Mᵉ F. LAIR-DUBREUIL, 6, rue Favart.

EXPERTS :
POUR L'ORFÈVRERIE : **M. André AUCOC**, 6, rue de la Paix.
POUR LES OBJETS D'ART :

M. H. STETTINER   **MM. PAULME et B. LASQUIN fils**
8, rue de Sèze.   10, rue Chauchat — 12, rue Laffitte.

EXPOSITIONS
PARTICULIÈRE : *Le Samedi 7 Décembre 1907, de 2 heures à 6 heures.*
PUBLIQUE : *Le Dimanche 8 Décembre 1907, de 2 heures à 6 heures.*
Entrée par la rue Grange-Batelière.

CONDITIONS DE LA VENTE

Elle sera faite au comptant.

Les adjudicataires payeront *dix pour cent* en sus du prix d'adjudication.

Les expositions permettant aux acheteurs de se rendre compte de l'état et de la nature des objets mis en vente, aucune réclamation, pour quelque cause que ce soit, ne sera admise une fois l'adjudication prononcée.

Les experts, dans l'intérêt de la vente, se réservent la faculté de réunir ou diviser les lots.

Les dimensions données au Catalogue n'y figurent qu'à titre d'indications approximatives.

ORDRE DES VACATIONS

Lundi 9 décembre 1907.

Nᵒˢ

Orfèvrerie. . . . .   1 à 117

Mardi 10 décembre 1907.

Argenterie. . . . .   118 à 235

Mercredi 11 décembre 1907.

Faïences. . . . .   640 à 647
Porcelaines du Japon. . . . .   626 à 639
Porcelaines de Chine. . . . .   597 à 625
Porcelaines de Sèvres (partie des) . . . .   257 à 304

Jeudi 12 décembre 1907.

Porcelaines de Sèvres, pâte dure. . . . .   397 à 425
Porcelaines diverses. . . . .   535 à 563
Porcelaines de Sèvres (partie des) . . . .   305 à 353

Vendredi 13 décembre 1907.

Biscuits. . . . .   426 à 441
Porcelaines, pâtes tendres diverses. . . . .   442 à 481
Porcelaines de Sèvres (fin des) . . . .   354 à 396

Samedi 14 décembre 1907.

Porcelaines de Saxe . . . .   564 à 596
Porcelaines de Paris. . . . .   482 à 534
Porcelaines de Sèvres-Vincennes . . . .   236 à 256

Lundi 16 décembre 1907.

Gravures anciennes.   648 à 735
Tableaux et dessins anciens. . . . .   736 à 753
Objets de vitrine. Miniatures . . . .   754 à 779
Bronzes d'art. . . . .   803 à 808

Mardi 17 décembre 1907.

Nᵒˢ

Bois sculptés . . . . 780 à 802
Objets divers. Sculptures. Objets de l'Extrême-Orient . . . . 887 à 911
Bronzes d'ameublement (partie des) . . . . 809 à 845
Pendules . . . . 878 à 886
Meubles (partie des) . . . . 949 à 979

Mercredi 18 décembre 1907.

Bronzes d'ameublement (fin des) . . . . 846 à 877
Sièges anciens, etc. . . . . 912 à 943
Vitrines et armoires vitrées . . . . 944 à 948
Meubles (fin des) . . . . 980 à 1006
Tapisseries. Tentures. Tapis. . . . . 1007 à 1018

ORFÈVRERIE

ANCIENNE ET MODERNE

ORFÈVRERIE

ANCIENNE ET MODERNE

1 — ÉCUELLE en vermeil, à deux oreilles plates finement ciselées, portant en relief les armes du cardinal Farnèse; le couvercle, décoré d'ornements gravés et de canaux creux en spirale, est surmonté d'un artichaut. Son plateau, de forme oblongue et à contours, présente un décor analogue à celui de l'écuelle et porte au centre les mêmes armoiries gravées. (Germain BAPST, *Études sur l'orfèvrerie française au dix-huitième siècle.*) Poinçon vieux Paris, 1733. Maître orfèvre *Thomas Germain*. Collections Double, Paul Eudel et prince Demidoff.

2 — AIGUIÈRE en pomponne, à moulures de godrons. Époque Régence.

3 — SEAU A RAFRAICHIR en pomponne, guirlandes de vigne en relief et feuilles d'eau repoussées. Époque Louis XVI.

4 — SUCRIER vermeil et intérieur cristal bleu, avec son plateau; le couvercle et le plateau ciselés de guirlandes. Poinçons douteux. Vieux Paris, 1783.

5 — DEUX GODETS D'ENCRIER en pomponne.

6 — PETITE ÉCUELLE vermeil, avec son plateau. Gravure *Semper Memor*. Époque Restauration.

7 — PETITE ÉCUELLE vermeil et son plateau uni. Époque Restauration.

8 — PLAT A BARBE et son aiguière en vernis bleu et or, avec montures en cuivre argenté. Époque Louis XV.

9. — AIGUIÈRE décorée de guirlandes en relief et son bassin. Vieux Paris, 1777. Maître orfèvre *Sprimann*.

10. — DEUX PETITS FLAMBEAUX Louis XVI, fûts cannelés et guirlandes de laurier en relief. Vieux Paris, 1777.

11. — BOITE A ÉPINGLES OVALE, à six pans : le corps et le couvercle décorés de guirlandes de feuilles de laurier gravées. Vieux Paris, 1762. Vente Eudel. Maître orfèvre *François Joubert*.

12. — DEUX PETITES BOITES rondes à pâtes. Vieux Paris, 1762. Maître orfèvre *François Joubert*.

13. — BOITE A PATES, de forme ronde, à contours, avec bordure de filets rubans et guirlandes en relief sur le corps. Vieux Paris, 1773. Maître orfèvre *François-Thomas Germain*.

14. — DEUX PETITS VASES avec bouquets de fleurs en pâte tendre. Poinçon étranger.

15. — UN PLATEAU ET UNE PAIRE DE MOUCHETTES. Vieux Paris. Époque Louis XV.

16. — MONTRE DE VOITURE, avec boitier argent, décoré d'ornements repercés. Époque Régence.

17. — PAIRE DE FLAMBEAUX, une lumière. Cuivre argenté moderne.

18. — MONTRE DE VOITURE argent gravé, en étui galucha. Époque Louis XV.

19. — PAIRE DE VASES argent Louis XV. Poinçon étranger.

20. — PAIRE DE VASES cuivre, ciselure relief.

21. — SOUPIÈRE ronde, quatre pieds. Cuivre argenté.

22. — SOUPIÈRE ovale, en pomponne, les pieds et les anses garnis de feuilles d'acanthe, le couvercle orné d'une graine représentant une grenade. Époque fin Louis XV.

23. — Sucrier ovale et son plateau, guirlandes en relief plaqué au 10°. Fin dix-huitième siècle.

24. — Sucrier ovale et son plateau métal argenté, à moulures de godrons et graine représentant une corne d'abondance. Fin dix-huitième siècle.

25. — Fontaine à canaux, plaqué anglais.

26. — Porte-Huilier formé d'un plateau en argent d'époque Louis XVI et de deux porte-burettes en argent exécutés par la maison Boin et Taburet. Deux burettes cristal doré et deux bouchons. Vieux Paris.

27. — Porte-Huilier forme bateau à bordure perles et ses bouchons. Vieux Paris, 1782.

28. — Deux Jattes creuses, bords oves, cuivre doré.

29. — Plateau, bords feuilles de vigne, cuivre doré.

30. — Plateau, trois pieds anglais, cuivre doré.

31. — Glace carrée, plaquée argent, surmontée d'un écusson aux armes de la duchesse de Berry et portant aux angles quatre appliques en relief. Époque Régence.

32. — Deux Seaux à rafraîchir, à moulures d'entrelacs et godrons, cuivre argenté. Époque Louis XIV.

33. — Deux Plats contours, cuivre doré.

34. — Paire Légumiers têtes de lion, graine choux-fleurs. Vieux Paris, 1785-1789.

35. — Petite Soupière ovale, têtes de lions, graine choux-fleurs. Une doublure et son plat. Maison Boin-Taburet.

36. — Grande Soupière ovale, têtes de lion, graine choux-fleurs, et son plat. Maison Boin-Taburet.

37. — LÉGUMIER ROND, quatre pieds, têtes de lions, graine choux-fleurs, et sa doublure. Maison Boin-Taburet.

38. — PAIRE FLAMBEAUX deux lumières, godrons en cuivre argenté. Maison Christofle.

39. — PAIRE FLAMBEAUX, base carrée, godrons en cuivre argenté.

40. — PAIRE CANDÉLABRES deux lumières. Style Louis XIV, cuivre argenté.

41. — PAIRE DE FLAMBEAUX cuivre argenté. Époque Louis XIV.

42. — PETIT VASE vermeil. Style Renaissance. Poinçon étranger.

43. — PETIT VASE à couvercle argent. Poinçon étranger.

44. — GOBELET argent uni. Époque premier Empire.

45. — BRULE-PARFUM et son réchaud en cuivre argenté.

46. — TIMBALE forme ovoïde, sur trois pieds, époque premier Empire, et son couvercle moderne en cuivre argenté.

47. — DEUX CORBEILLES ajourées, bordure perles, quatre pieds, argent, Poinçon étranger.

48. — SERVICE A THÉ en argent style Louis XV, à côtes, quatre tasses, composé de : théière, cafetière, sucrier, crémier, fontaine, bol. Maison Boin-Taburet, Paris.

49. — DIX-HUIT COQUILLES cuivre argenté.

50. — QUATRE RAVIERS argent, forme coquille, intérieur vermeil. Paris.

51. — SIX BROCHETTES modernes argent.

DEUX CUILLERS A PUNCH. Époque Restauration.

52. — Deux Porte-Bouquet modernes. Style Louis XVI, avec doublure vermeil.

53. — Crémier en vermeil. Époque premier Empire.

54. — Crémier en cristal, garniture vermeil. Époque premier Empire.

55. — Une Cafetière huit tasses. Époque premier Empire.

Une Chocolatière huit tasses. Époque Restauration.

Un Sucrier cristal et argent. Époque premier Empire.

56. — Saucière et son plateau de forme carrée. Gravure C. C. Époque Restauration.

57. — Saucière et son plateau ovale. Époque Restauration.

58. — Théière ovale, bec tête de chien. Époque Restauration.

59. — Petite Cafetière une tasse. Époque premier Empire.

60. — Cafetière six tasses, appliques relief, bec tête de chimère. Époque premier Empire.

61. — Huilier, quatre salières, deux moutardiers, deux cuillers à moutarde. Époque premier Empire. Deux salières, un moutardier modernes.

62. — Petite Custode. Époque Louis XVI. Sans poinçon.

63. — Petit Crémier, anse bois. Époque Restauration.

64. — Deux Coquetiers à pied argent, modernes.

65. — Moutardier cristal et argent. Époque premier Empire.

66. — Huit Salières à trois pieds, têtes de Méduse, intérieur cristal. Quatre modernes, quatre premier Empire.

67. — PORTE-HUILIER : huit porte-salières doubles, deux moutardiers à colonne carrée surmontée d'un vase. Époque Restauration. Maison Odiot.

68. — GOBELET à couvercle, manche et bouton bois. Époque premier Empire.

69. — PETITE FONTAINE cuivre argenté. Style Empire.

70. — UNE SOUPIÈRE ovale, avec doublure vermeil.

DEUX LÉGUMIERS ronds, avec doublure vermeil.

DEUX SAUCIÈRES, avec doublure vermeil, et leurs plateaux. Moulure godrons. Poinçon courant.

71. — DEUX BURETTES époque Louis XVI. Guirlande relief. argent.

72. — SOUPIÈRE ovale, cuivre argenté, et sa doublure. Époque Empire.

73. — QUATRE CLOCHES zinc à godrons.

QUATRE CLOCHES zinc uni.

UNE CLOCHE zinc, ovale.

74. — LOUCHE argent à tige de filets et feuillages, la spatule représentant un médaillon entouré d'une guirlande de fleurs. Poinçon de province, 1767.

75. — TROIS POÊLONS argent.

76. — DOUZE CUILLERS A CAFÉ vermeil. Restauration.

77. — DEUX COUPES, trois pieds, côtes torses : une moderne, une époque Louis XV. Poinçon étranger.

78. — QUATRE ASSIETTES à contours, cuivre doré.

79. — SERVICE A CAFÉ composé de : une cafetière, un sucrier. un crémier, une tasse avec soucoupe. Époque Restauration.

80. — PAIRE DE COUPES vermeil. Poinçon étranger.

81. — PAIRE DE COUPES vermeil. Poinçon étranger.

82. — PETITE CAFETIÈRE une tasse, sans couvercle. Époque premier Empire.

83. — DEUX SALIÈRES ovales repercées. Vieux Paris.

84. — DEUX PETITS VASES ronds, quatre têtes de satyres. Poinçon étranger.

85. — SIX CUILLERS A CAFÉ, filets coquille. Vieux Strasbourg.

UNE CUILLER A PUNCH vermeil. Restauration.

UNE CUILLER A SUCRE. Vieux Paris.

86. — DEUX PORTE-CURE-DENTS. Soleil. Moderne.

87. — SIX COUTEAUX A DESSERT, lames argent, manches à filets et feuilles d'acanthe. Vieux Paris, 1789

88. — PAIRE FLAMBEAUX métal, pieds à pans.

89. — BOUILLOTTE forme basse. Vieux Paris.

90. — PORTE-SAUCE métal anglais.

91. — DEUX PLATEAUX ronds, cuivre doré, bordure coquille.

92. — DEUX GRANDES CUILLERS repercées. Vieux Paris.

93. — DEUX RÉCHAUDS, trois pieds. Époque Régence. Poinçon étranger.

94. — QUATRE SALIÈRES godrons à pans. Vieux Paris, 1733.

95. — CAFETIÈRE forme œuf. Époque Louis XVI.

96. — QUATRE SALIÈRES ovales, tords de lauriers et rinceaux à jour, intérieur cristal bleu. Poinçon douteux. Vieux Paris, 1777.

/97/ — PAIRE DE SAUCIÈRES à côtes, moulures, bec et pieds rocaille. Époque Louis XV. Poinçon étranger. *1-300.—*

98. — SERVICE A THÉ ET A CAFÉ, en vermeil, composé de : cafetière, théière, sucrier, crémier, tasse et soucoupe ; décorés d'une frise d'ornements en relief. Époque Restauration.

99. — SAUCIÈRE à godrons. Vieux Paris.

100. — PETITE CAFETIÈRE, trois pieds, forme œuf, bec chimère. Époque premier Empire.

101. — CRÉMIER, canaux droits, anse bois.

102. — SUCRIER, intérieur cristal bleu, couvercle cannelé, graine fraise. Vieux Paris, 1786.

103. — AIGUIÈRE à godrons. Époque Louis XIV. Vieux Paris.

104. — QUATRE DESSOUS DE BOUTEILLES, en plaqué.

/105/ — PAIRE SAUCIÈRES, à bordures perles. Vieux Paris, 1784 à 1789. *illis.*

106. — QUATRE JATTES creuses, à oves, cuivre doré.

107. — DEUX COQUETIERS à godrons, sur pied. Époque Louis XIV. Poinçon illisible.

108. — DEUX SUCRIERS DE SURTOUT, à pans, ornements en ciselure tracée. Époque Régence. Poinçons hollandais (Herzogenbuch).

109. — PAIRE SALIÈRES à guirlandes. Vieux Paris. Époque Louis XVI.

110. — PORTE-HUILIER ovale, dont les quatre pieds sont formés de consoles ornées de figures. Vieux Paris, 1708. Vente Eudel. — Maitre orfèvre *Grégoire Masse*.

111. — TIMBALE vermeil, marquée A. C. Vieux Paris, 1773.

112. — TIMBALE vermeil. Vieux Paris, 1735.

113. — SEPT ASSIETTES PLATES, cuivre doré, à contours.

114. — GRANDE CAFETIÉRE, à côtes torses. Époque Louis XV. Poinçon étranger.

115. — PETIT PLATEAU PORTE-HUILIER, métal anglais.

116. — PINCE A SUCRE, argent moderne.

117. — PETIT POT A CRÈME, à canaux. Poinçon douteux. Vieux Paris. 1789.

118. — VASE à couvercle. Poinçon vieux Vienne.

119. — PETIT POT A LAIT, plaqué anglais.

120. — CAFETIÉRE, godrons torses. Vieux Paris, 1744.

121. — MOUTARDIER, intérieur cristal bleu. Vieux Paris.

122. — PAIRE DE BOUTS DE TABLE. Style Louis XVI. Poinçons douteux.

123. — SUCRIER ovale. Époque Louis XV. Sur plateau moderne.

124. — MOUTARDIER, côtes torses. Vieux Paris.

125. — DEUX SALIÈRES en pomponne. Époque Louis XV.

126. — GRANDE TIMBALE, marquée F. V. Vieux Paris.

127. — PETITE CAFETIÈRE à trois pieds formés d'une branche de feuillages montant jusqu'en haut de la panse. Manche bois. Vieux Paris, 1753.

128. — PAIRE DE SUCRIERS-SURTOUTS à pans. Époque Louis XV. Poinçons étrangers.

129. — PAIRE DE COQUETIERS sur pieds. Style Louis XVI.

130. — SEPT COQUETIERS treillage avec doublures. Vieux Paris.

131. — SUCRIER ovale. Canaux et godrons repoussés. Époque Louis XVI. Vieux Paris.

132. — GRANDE TIMBALE en vermeil, décors de guirlandes et écussons en relief. Vieux Paris, 1778. Collection Demidoff.

133. — MOUTARDIER à godrons. Poinçon étranger.

134. — MOUTARDIER à godrons. Dix-huitième siècle. Poinçon de province.

135. — SUCRIER ovale et son plateau. Le sucrier, Vieux Paris, 1777; le plateau, vieux Paris, 1783.

136. — CAFETIÈRE à trois pieds, à côtes torses. Vieux Paris, 1768.

137. — CRÉMIER en vermeil. Vieux Paris, 1789.

138. — GOBELET en vermeil. Poinçon étranger.

139. — DEUX PLATEAUX en vermeil à trois pieds, bordure à contours. Londres, 1765.

140. — PAIRE DE SUCRIERS à poudre. Style Louis XVI. Poinçon étranger.

141. — DEUX SALIÈRES à couvercles. Poinçons étrangers.

142. — AIGUIÈRE sans couvercle. — Poinçons douteux, vieux Paris.

143. — Deux petits Moutardiers sur plateau. Vieux Paris, 1789.

144. — Porte-Huilier et deux bouchons, forme bateau. Bordure perles et guirlandes en relief. Vieux Paris, 1780.

145. — Sucrier, côtes torses. Vieux Paris.

146. — Cocotte a œufs. Vieux Paris, 1786.

147. — Timbale à couvercle, moulure godrons. Vieux Paris.

148. — Deux Tire-Bouchons argent. — Deux Pelles a moutarde. — Vieux Paris.

149. — Deux Corbeilles à jour, métal anglais; une en vermeil; une paire de flambeaux une lumière; métal pieds perles.

150. — Écuelle et couvercle à godrons. Poinçon, vieux Paris.

151. — Porte-Huilier, monture rocailles. Vieux Paris, 1760.

152. — Paire de Moutardiers à guirlandes, intérieur cristal bleu. Vieux Paris, 1780.

153. — Petite Cafetière unie. Vieux Paris.

154. — Sonnette. Vieux Paris.

155. — Sucrier a cotes. Vieux Paris, 1765.

156. — Deux Couverts dessert, quatre Couteaux dessert en vermeil, modèle à culots et feuilles. Vieux Paris, 1783.

157. — Porte-Huilier en vermeil. Vieux Paris, 1770. Maître orfèvre *Auguste*. Les bouchons modernes. *glss*

158. — Paire de Flambeaux métal argenté.

159. — Théière, côtes torses, manche bois. Poinçons douteux.

160. — PETITE CAFETIÈRE unie, deux tasses. Vieux Paris.

161. — MOUTARDIER sur plateau. Vieux Paris, 1777.

162. — MOUTARDIER à perles. Vieux Paris, 1783 à 1789.

163. — MOUTARDIER feuilles de lierre. Vieux Paris, 1783 à 1789.

164. — SUCRIER côtes torses et son plateau. Vieux Paris.

165. — PAIRE DE LÉGUMIERS à guirlandes repoussées. Style Louis XVI.

166. — PAIRE DE BOÎTES A THÉ, à godrons; ciselure tracée. Vieux Paris, 1742.

167. — DEUX SALIÈRES cristal, monture vermeil.

168. — GOBELET avec couvercle. Vieux Paris.

169. — GOBELET avec couvercle. Poinçon étranger.

170. — PAIRE DE MOUTARDIERS, à trois pieds, ornés de guirlandes et têtes de béliers sur plateaux cannelés, intérieur cristal bleu. Vieux Paris, 1789.

171. — ÉCUELLE en vermeil, têtes de lion. Premier Empire.

172. — THÉIÈRE à pans, ciselure tracée, pièce surdécorée. Poinçons vieux Paris.

173. — UN COUVERT A DESSERT : un couteau lame acier. Poinçon étranger.

174. — CUILLER A CAFÉ coquille agrafe. Vieux Paris.

175. — ÉCUELLE A BOUILLON, quatre patins graine colombes, vieux Paris, 1783 à 1789, et son plateau moderne.

176. — CHOCOLATIÈRE à pans. Moulure à godrons, trois patins. Vieux Paris.

177. — CRÉMIER à couvercle, côtes torses. Poinçons douteux. Vieux Paris.

178. — Boîte a épices à godrons. Vieux Paris, 1723.

179. — Pot a chocolat plaqué anglais.

180. — Sucrier de surtout en vermeil, ornements gravés.

181. — Timbale à couvercle. La timbale vieux Paris, le couvercle moderne.

182. — Paire de Cloches sur plateaux. Les cloches, vieux Paris, 1776 : maître orfèvre *Auguste;* les plateaux, modernes.

183. — Huit Dauphins cuivre argenté.

184. — Deux Plateaux-Surtouts cuivre argenté.

185. — Écuelle ovale avec plateau. Vieux Paris, 1780.

186. — Quatre Tasses a vin, dont deux en vieux Paris et deux portant des poinçons illisibles.

187. — Quatre Cocottes a œufs. Vieux Paris.

188. — Petite Cafetière. Vieux Paris.

189. — Grande Chocolatière à côtes torses, manche bois. Époque Louis XV. Poinçons étrangers.

190. — Deux Cuillers a ragout. Vieux Paris.

191. — Deux Plateaux, anses coquilles. Poinçons Vieux Paris.

192. — Paire de Seaux a rafraîchir. Époque Louis XIV, argenture moderne.

193. — Soupière de forme ovale, avec sa doublure et son plateau, graine de légumes; anses formées de branches torduecs et feuillages: les pieds formés d'une feuille d'acanthe se terminant en volute. Au centre de la panse, un écusson surmonté d'une couronne de marquis. Vieux Paris, 1784. Maître orfèvre *Jean-Baptiste Chéret.* Vente Eudel.

194. — Deux Assiettes bordure lauriers. Vieux Paris, 1771.

195. — Deux Jattes moulure godrons. Vieux Paris.

196. — Deux Jattes moulure godrons. Vieux Paris.

197. — Plateau à contours. Vieux Paris.

198. — Jatte, godrons droits. Vieux Paris.

199. — Plat carré creux. Vieux Paris.

200. — Deux Suchiers de surtout. Vieux Paris.

201. — Cafetière, bec pris sur pièce, anse bois. Vieux Paris, 1745.

202. — Aiguière, forme casque. Poinçon étranger.

203. — Suchier sur quatre pieds rocaille, à guirlandes et écussons repoussés. Vieux Paris. Son plateau à contours sur quatre pieds ornés de guirlandes en ciselure tracée. Vieux Paris.

204. — Huit Gobelets à liqueurs. Premier Empire.

205. — Vingt Dessous de bouteilles cuivre argenté maison Christofle.

206. — Boîte contenant : une bouilloire, une théière, un sucrier, une cafetière, un crémier, un plateau. Métal argenté, appliques en argent.

207. — Coffre chêne : 14 plats ronds, 7 plats ovales à filets.

208. — Deux Bougeoirs métal argenté.

209. — Coffre contenant : 36 cuillers à café ; un couvert à salade ; 4 cuillers à compote ; 2 cuillers à sucre ; 2 pinces à sucre ; une pelle à tarte ; 10 pièces à bonbons ; 12 pelles à sel ; 12 pelles à sel ; 8 pelles à filets ; une truelle à poisson ; 4 brochettes métal ; 4 cuillers à café en vermeil ; 48 couverts à dessert ; 18 four-

chettes de table; 6 cuillers; 24 fourchettes de table; 18 fourchettes à huîtres; 3 cuillers à potage; 2 cuillers à sauce; un service à salade; une pince à sucre; 4 pièces hors-d'œuvre; un manche à gigot; une truelle à poisson.

210. — COFFRE chêne : 72 couteaux de table, manches argent.

211. — DOUZE COUTEAUX de table, manches argent.

212. — COFFRE contenant : 24 couverts à dessert; 2 cuillers à compote; 24 cuillers à café: 2 cuillers à sucre; une pince à sucre; 8 pièces à bonbons; 24 couteaux lames acier; 24 couteaux lames argent; un couteau à fromage; un ciseau à raisin; le tout en vermeil.

213. — BOITE contenant : 22 fourchettes à dessert à filets; 22 cuillers à dessert à filets; 2 cuillers à sucre; une pelle à glace; 2 cuillers à compote; une pince à sucre: 20 cuillers à café: 20 couteaux à dessert lames acier; 20 couteaux à dessert lames argent.

214. — ÉCRIN contenant : 12 cuillers à café, une pince à sucre en vermeil.

215. — BOITE contenant : 12 couteaux manches nacre, lames acier; 12 couteaux manches nacre, lames argent.

BOITE : 6 couteaux manches nacre, lames acier; 6 couteaux manches nacre, lames argent.

216. — BOITE : 12 couteaux à dessert manches nacre, lames acier: 12 couteaux à dessert manches nacre, lames argent.

217. — BOITE : 18 couteaux à manches en ivoire, H. C.

BOITE : 24 couteaux manches ivoire, M. C.

218. — PORTE-MENU en métal.

DEUX RÉCHAUDS en fil.

PAIRE DE FLAMBEAUX une lumière.

BROSSE A MIETTES en métal.

219. — Douze Salières rondes, pieds laurier, guirlandes en relief, intérieur cristal bleu. Style Louis XVI.

220. — Deux Moutardiers, pieds laurier, guirlandes en relief, intérieur cristal bleu. Style Louis XVI.

221. — Deux Sucriers ronds à guirlandes, intérieur cristal.

222. — Treize Plats ronds, filets et rubans en argent.

Deux Plats ovales, filets et rubans en argent.

Trois Plats ovales; filets et rubans, métal argenté gravure H. C.

223. — Deux Saucières sur plateaux et leurs doublures anneaux et fleurettes sur le marli.

224. — Saladier vermeil, filets rubans.

Saladier vermeil, à côtes.

225. — Deux Corbeilles a pain repercées à anneaux à fleurettes.

226. — Deux Corbeilles avec plateaux ovales en argent, sur quatre pieds, doublures métal argenté.

227. — Grande Corbeille en treillage et son plateau. Époque Louis XVI. Londres, 1791.

228. — Quatre Coquilles, métal anglais.

Onze Dessous de Carafes, métal anglais, avec intérieur fils.

229. — Douze Pelles a Moutarde, cuillerons en vermeil.

Un Rond de Serviette guilloché.

Un Passe-Thé sur trois pieds.

Une petite Saucière.

230. — Un Plateau a thé, bord filets feuilles, cuivre argenté.

Un Plateau a thé, godrons, cuivre argenté.

231. — Plateau Porte-Flacons avec cinq verres. Christofle.

232. — Surtout glace, métal argenté.

233. — Surtout glace carré, cuivre argenté.

234. — Plateau ovale, filet feuilles métal.

Pelle ramasse-miettes.

235. — Trois petits Plateaux ronds, métal.

Plateau ovale, deux anses, métal.

Plateau carré, rocailles, métal.

Trois petits Plateaux, métal.

PORCELAINES

ANCIENNES PORCELAINES PATE TENDRE
DE SÈVRES-VINCENNES

236. — Compotier à bord festonné, en ancienne porcelaine tendre de
Sèvres-Vincennes, décoré au centre d'une rosace à hachures
rouges, et au marli d'une bordure analogue.

237. — Présentoir ovale de forme lobée, en ancienne porcelaine tendre
de Sèvres-Vincennes, à fond *bleu turquoise*, orné de deux médaillons réservés en blanc, avec fleurs en couleurs. Année 1754.

238. — Très petit Vase à anses dorées en ancienne porcelaine tendre de
Sèvres-Vincennes, décoré de fleurettes en relief.

239. — Plateau de forme contournée, en ancienne porcelaine tendre de
Sèvres-Vincennes, décoré d'une bordure bleue à quatre médaillons, deux avec oiseaux, deux avec fleurs; au centre. oiseaux
et cage. Année 1753.

240. — Pot a lait, en ancienne porcelaine tendre de Sèvres-Vincennes,
décor à dentelle, fleurs et fruits avec couronne en dorure.
Année 1754.

241. — Broc à anse, en ancienne porcelaine tendre de Sèvres-Vincennes,
décor à fond bleu et grand médaillon réservé en blanc, orné
d'un bouquet de fleurs et fruits, encadré de feuillages fleuris en
dorure. Année 1754.

242. — Grande Théière couverte, en ancienne porcelaine tendre de
Sèvres-Vincennes, à fond blanc décoré de médaillons : vigneron
ou attributs dans un paysage avec rinceaux en dorure.

243. — GRAND SUCRIER couvert, en ancienne porcelaine tendre de Sèvres-Vincennes, de décor analogue à celui de la pièce précédente.

244. — PETIT SUCRIER couvert, de forme arrondie, en ancienne porcelaine tendre de Sèvres-Vincennes, à fond bleu et médaillons réservés en blanc, avec oiseaux, encadrés de dorure. Sur le couvercle, bouton à fleurette en relief. Année 1754.

245. — ASSIETTE à bord festonné et parties gaufrées en relief avec coquilles rehaussées d'or, en ancienne porcelaine tendre de Sèvres-Vincennes, décorée en couleur. Au centre, oiseaux dans un paysage ; au marli, volatiles et branches de fruits.

246. — DEUX ASSIETTES à bord festonné, en ancienne porcelaine tendre de Sèvres-Vincennes ; décor en couleur. Au centre, groupe d'oiseaux dans un paysage ; au marli, gaufré simulant la vannerie, guirlandes de feuillage vert. Marquées *Ledoux*.

247. — PETITE CAFETIÈRE couverte, en ancienne porcelaine tendre de Sèvres-Vincennes, à fond bleu et bouquets de fleurettes. Le couvercle avec fleurette en relief. Monture à coquille en argent. Année 1753.

248. — SUCRIER couvert, de forme obconique, en ancienne porcelaine tendre de Sèvres-Vincennes, à fond *bleu lapis* tacheté d'or, et deux médaillons de forme contournée réservés en blanc, encadrés en dorure et ornés d'oiseaux et arbustes fleuris.

249. — PAIRE DE PETITS VASES, forme Médicis, à piédouche, en ancienne porcelaine tendre de Sèvres-Vincennes, décorés de bouquets de fleurs en couleur sur fond blanc, avec filet or.

250. — PETIT POT cylindrique couvert, en ancienne porcelaine tendre de Sèvres-Vincennes, décoré, sur fond blanc, de bouquets de fleurs en couleur et filets or.

251. — GRANDE TASSE de forme obconique, à anse, et son présentoir, en ancienne porcelaine tendre de Sèvres-Vincennes ; décor bleu et médaillons à oiseaux et fleurs dans un paysage avec encadrement en dorure.

252. — GRANDE TASSE de forme arrondie, à anse, avec sa soucoupe, en ancienne porcelaine tendre de Sèvres-Vincennes, à fond bleu et médaillons réservés en blanc avec encadrements d'arabesques en dorure.

253. — PETITE TASSE couverte à deux anses, avec sa soucoupe, en ancienne porcelaine tendre de Sèvres-Vincennes; décor bleu et médaillons à oiseaux. Année 1754.

254. — PETIT SOLITAIRE composé d'un plateau ovale contourné, avec tasse et sucrier couvert, en ancienne porcelaine tendre de Sèvres-Vincennes, à fond bleu et oiseaux.

255. — MOUTARDIER couvert, forme tonnelet, en ancienne porcelaine tendre de Sèvres-Vincennes, décoré, sur fond *bleu turquoise*, d'un médaillon réservé en blanc avec fleurs et insectes, encadré de dorure. Sur le couvercle, bouton fait d'une fleurette en relief. Monture charnière à coquille en argent doré. Année 1755. Marque de *Cornaille*.

256. — ÉCUELLE A BOUILLON avec son couvercle et son présentoir, en ancienne porcelaine tendre de Sèvres-Vincennes, à fond *bleu turquin* piqué d'or. L'écuelle et son couvercle offrent chacun deux médaillons réservés décorés en couleur d'oiseaux dans un paysage; le présentoir, trois médaillons analogues. Le bouton du couvercle est fait d'un citron avec sa fleur et son feuillage modelés et décorés au naturel. Année 1753. Marque de *Ledoux*.

ANCIENNES PORCELAINES DE SÈVRES
PATE TENDRE

257. — POT A CRÈME à trois pieds, en ancienne porcelaine de Sèvres, pâte tendre; décor dit à *feuille de chou* et bouquets de fleurs en couleur. Année 1764. Marque de *Noël*.

258. — MOUTARDIER couvert, forme tonnelet, en ancienne porcelaine de Sèvres, pâte tendre; décor dit à *feuille de chou* et bouquets de fleurs en couleur. Sur le couvercle, bouton fait d'une fleurette en relief. Année 1772.

259. — POT A CRÈME couvert à anse, en ancienne porcelaine de Sèvres, pâte tendre, décor à bouquets de fleurs en couleur.

260. — POT A LAIT, forme casque, en ancienne porcelaine de Sèvres, pâte tendre, décor à arabesques, fleurs et oiseaux sur fond blanc; bordure lilas et feuillages rehaussés d'or. Année 1789.

261. — POT A CRÈME, forme casque, en ancienne porcelaine de Sèvres, pâte tendre, décoré d'un semis de bleuets, sur fond blanc. Année 1791. Marque de *Fumez*.

262. — SUCRIER couvert, de forme arrondie, en ancienne porcelaine de Sèvres, pâte tendre, décoré d'un semis de roses en couleur.

263. — PETIT SUCRIER COUVERT à deux anses, en ancienne porcelaine de Sèvres, pâte tendre, décor à bouquets de fleurs, en couleur.

264. — PETIT POT A FARD, de forme évasée, en ancienne porcelaine de Sèvres, pâte tendre, décoré d'un médaillon à fleurs, sur fond vert clair, par *Mme Nouailher* (née P. Durosey).

Haut., 3 cent.

265. — THÉIÈRE couverte, en ancienne porcelaine de Sèvres, pâte tendre, décorée, sur fond blanc, de médaillons à chutes de fleurs en couleur, séparés par des palmettes en *bleu de roi* bordées en dorure.

266. — PETITE CAFETIÈRE couverte, en ancienne porcelaine de Sèvres, pâte tendre ; décor par bandes vertes bordées de dorure, entourant des guirlandes en chutes de fleurs ; bordure vert et or. Couvercle avec bouton fait d'une fleurette jaune en relief. Année 1761. Marque de *Tandart*.

267. — PETITE TASSE cylindrique et soucoupe, en ancienne porcelaine de Sèvres, pâte tendre, décorée d'un semis de bleuets et bordures à laurier sur fond blanc. Année 1780. Marque de *Fontaine*.

268. — PETITE TASSE cylindrique et sa soucoupe, en ancienne porcelaine de Sèvres, pâte tendre, décorée, sur fond blanc, d'un médaillon à paysage, cours d'eau et petits personnages ; bordure en bleu et or. Année 1781. Marque de *Vieillard*.

269. — PETITE TASSE cylindrique et soucoupe, en ancienne porcelaine de Sèvres, pâte tendre, décorée, sur fond blanc, d'un semis de fleurettes, entre deux bordures à pointillé bleu et festons de fleurs en *camaïeu rose*. Année 1773.

270. — TASSE de forme évasée et sa soucoupe, en ancienne porcelaine de Sèvres, pâte tendre, décorée sur fond blanc de compartiments à bouquets de fleurs et carrelages à triangles en bleu et or. Marque de *Fontaine*.

271. — TASSE cylindrique et sa soucoupe, en ancienne porcelaine de Sèvres, pâte tendre, décorée par compartiments en forme de berceaux, avec feuillages et personnages sur la tasse et paysage sur la soucoupe. Marques de *Baudoin* et autre.

272. — TASSE cylindrique et soucoupe, en ancienne porcelaine de Sèvres, pâte tendre, décorée, sur fond blanc, de rayures en vert, bleu et rose, séparées par des feuillages en dorure. Au centre, petit médaillon rond à sujet de personnages dans un paysage. Année 1778.

273. — TASSE cylindrique et sa soucoupe, en ancienne porcelaine de Sèvres, pâte tendre, décorée, sur fond blanc, de volatiles dans des paysages, avec oiseaux isolés sur la soucoupe. Année 1775. Marque de *Couturier*.

274. — PETITE TASSE cylindrique et sa soucoupe, en ancienne porcelaine de Sèvres, pâte tendre, décorée d'un ruban bleu, festons de fleurs et guirlandes de laurier avec parties à œil-de-perdrix et bordure dorée. Marque de *Micaud*.

275. — PETITE TASSE de forme arrondie, et soucoupe en ancienne porcelaine de Sèvres, pâte tendre, décorée par bandes en bleu et blanc; petite bordure à festons en dorure.

276. — DEUX TASSES de forme arrondie, en pâte tendre, et soucoupes en pâte dure, d'ancienne porcelaine de Sèvres; décor de médaillons avec oiseaux sur arbustes, treillage vert et or, petits médaillons à fleurs. Marques de *Chauvaux père* et *Mérault*.

277. — DEUX TASSES de forme arrondie et soucoupes, en ancienne porcelaine de Sèvres, pâte tendre, décorées, sur fond vert, de médaillons réservés avec paysages animés de petits personnages en *camaïeu carmin*, encadrés d'ornements en dorure. Année 1766. Marque de *Gomery*.

278. — THÉIÈRE de même porcelaine et de décor analogue à celui des tasses précédentes. Mêmes année et marque.

279. — TASSE de forme arrondie et sa soucoupe, en ancienne porcelaine de Sèvres, pâte tendre, décorée, sur fond *bleu de roi,* d'un médaillon réservé en blanc, orné de fleurs en couleur. Marque de *Taillandier*.

280. — PETITE TASSE cylindrique et sa soucoupe, en ancienne porcelaine de Sèvres, pâte tendre, décorée, en couleur, d'un médaillon à paysage animé de petits personnages, sur fond *rose* piqué d'or et œil-de-perdrix pointillé bleu et or. Année 1765. Marque de *Vieillard*.

281. — TASSE dite *trembleuse*, de forme obconique, à anses torsades, couvercle bombé et présentoir, en ancienne porcelaine de Sèvres, pâte tendre, décorée, sur fond *bleu turquoise*, de médaillons ovales allongés chargés de fleurs ou de culots, avec ornements en dorure. Année 1766. Marque de *Parpette*.

282. — GRANDE TASSE, forme vase, à deux anses carrées, couvercle et présentoir, en ancienne porcelaine de Sèvres, pâte tendre, décorée, sur fond *bleu poudré* chargé de rinceaux dorés, d'une bande réservée en blanc avec guirlandes de roses et perles. Période de la République. Marques de *Le Guay* et *Huny*.

283. — TASSE cylindrique et sa soucoupe, en ancienne porcelaine de Sèvres, pâte tendre, décorée par bandes en *bleu de roi* et en blanc, ornées de médaillons ovales à paysage en couleur et camaïeu gris, avec rosaces en dorure. Marques de *Rosset* et *Le Guay*.

Collection Léopold Double, n° 41.

284. — TASSE cylindrique et sa soucoupe, en ancienne porcelaine de Sèvres, pâte tendre, décorée, sur fond *jaune* semé de fleurettes, d'un médaillon réservé avec la lettre *R* en myosotis sur la tasse, et médaillon avec gerbe de fleurs au centre de la soucoupe. Année 1785. Marque de *Mme Gérard*.

285. — DEUX PLAQUES circulaires, en ancienne porcelaine de Sèvres, pâte tendre, décorées d'un bouquet de roses liées par un nœud de ruban, sur fond blanc; bordure dorée.

Diam., 13 cent. 1/2.

286. — DEUX PLAQUES circulaires, en ancienne porcelaine de Sèvres, pâte tendre, décorées, au centre, de fleurs et fruits en couleur sur fond blanc; bordure extérieure à fond vert avec dorure.

Diam., 13 cent.

287. — DEUX PLAQUES rectangulaires, à angles coupés, en ancienne porcelaine de Sèvres, pâte tendre. Décor en couleur : vase fleuri de roses sur socle simulant le marbre; encadrement à œil-de-perdrix sur fond rose et filet or.

Haut., 14 cent. — 1/2. Larg., 9 cent. 1/2.

288. — Petit Tableau rectangulaire, bordé d'une moulure dorée simulant un cadre, en ancienne porcelaine de Sèvres, pâte tendre, représentant un paysage avec cours d'eau, animé de petits personnages.

Haut., 16 cent. Larg., 19 cent.

289. — Plateau rectangulaire à bord relevé, sur quatre pieds, en ancienne porcelaine de Sèvres, pâte tendre, décoré d'un semis de bleuets sur fond blanc.

290. — Plateau forme losange, en ancienne porcelaine de Sèvres, pâte tendre; décor à guirlandes de fleurs rattachées par des rubans; au centre, rosace à fond bleu et œil-de-perdrix en dorure (bord coupé). Année 1789. Marque *Le Bel jeune*.

291. — Présentoir, de forme contournée, en ancienne porcelaine de Sèvres, pâte tendre, décoré d'Amours astronomes, en *camaïeu rose*. Époque Louis XV.

292. — Plateau-Présentoir, de forme carrée, à bord relevé et découpé à jour, en ancienne porcelaine de Sèvres, pâte tendre; décor à petits médaillons de roses entourés de dorure. Année 1768. Marque de *Noël*.

Long. d'un côté, 15 cent.

293. — Tasse et sa soucoupe, en ancienne porcelaine de Sèvres, pâte tendre; décor analogue à celui du plateau précédent.

294. — Plateau-Présentoir, de forme carrée, à bord relevé et rinceaux ajourés, en ancienne porcelaine de Sèvres, pâte tendre; décor à dentelle d'or; au centre, médaillon carré figurant une scène de guerre : *Bataille de Fontenoy* (?), en *camaïeu carmin*.

Larg. d'un côté, 15 cent.

295. — Petit Plateau-Présentoir, de forme carrée, à bord relevé et découpé à jour, en ancienne porcelaine de Sèvres, pâte tendre; décor à fond bleu et brun, avec guirlandes de feuillage et fleurs.

Long. d'un côté, 10 cent.

296. — Petite Tasse et soucoupe, en ancienne porcelaine de Sèvres, pâte tendre; décor analogue à celui du présentoir précédent.

297 — PLATEAU-PRÉSENTOIR, de forme carrée, à bord relevé avec rinceaux ajourés, en ancienne porcelaine de Sèvres, pâte tendre; décor en *bleu de roi* et blanc avec fleurettes dans un quadrillé. Année 1758. Marque de *Taillandier*.

Larg. d'un côté, 15 cent.

298 — PLATEAU-PRÉSENTOIR, de forme carrée, à bord relevé et découpé à jour, en ancienne porcelaine de Sèvres, pâte tendre; fond *bleu caillouté* et ornements verts; médaillon de fleurs. Année 1758.

Long. d'un côté, 15 cent.

299. — TASSE et soucoupe, en ancienne porcelaine de Sèvres, pâte tendre; décor analogue à celui du plateau précédent.

300. — PAIRE DE JARDINIÈRES, de forme contournée, à deux anses et quatre pieds feuilles et rocailles, en ancienne porcelaine tendre blanche de Sèvres; sur chaque face, oiseaux exotiques dans des paysages.

301 — DEUX PETITS POTS A POMMADE, cylindriques, avec couvercles, en ancienne porcelaine de Sèvres, pâte tendre; décor en *camaïeu rose;* festons de fleurs entourant un filet d'or. Sur les couvercles, bouton fait d'une fleurette en relief. Année 1757.

302. — PAIRE DE PETITS VASES couverts à deux anses, en ancienne porcelaine de Sèvres, pâte tendre, décor *bleu turquoise* sur fond blanc et guirlandes de fleurs.

Haut., 13 cent.

303. — PAIRE DE FLAMBEAUX, en ancienne porcelaine de Sèvres, pâte tendre, formés chacun d'un fût de colonnette torse, autour duquel s'enroule une guirlande de fleurs, sur base quadrangulaire décorée de deux filets bleus reliés par des rinceaux dorés. Monture en bronze. Époque Louis XVI.

Haut., 13 cent.

304. — PAIRE DE JARDINIÈRES ou corbeilles, de forme lobée, à parois élevées et ajourées simulant la vannerie, en ancienne porcelaine de Sèvres, pâte tendre, décorées en vert et dorure.

Haut., 9 cent.

305. — **Tasse** cylindrique et soucoupe, en ancienne porcelaine de Sèvres, pâte tendre, décorée, par bandes en blanc et mauve, de rinceaux de fleurs et feuillages; bordure brune avec perles simulées.

306. — **Petite Tasse** cylindrique et sa soucoupe, en ancienne porcelaine de Sèvres, pâte tendre, à fond *bleu de roi*, et décorée en dorure : oiseau, branchages et rinceaux.

307. — **Petite Tasse** de forme arrondie, à deux anses, avec sa soucoupe, en ancienne porcelaine de Sèvres, pâte tendre, décorée, en *camaïeu bleu*, de torsades de fleurs. Année 1762. Marque de *Catrice*.

308. — **Petite Tasse** cylindrique et sa soucoupe, en ancienne porcelaine de Sèvres, pâte tendre; décor par bandes rose, bleu et blanc, avec hachures en rose et or. Année 1765.

309. — **Petite Tasse** cylindrique et sa soucoupe, en ancienne porcelaine de Sèvres, pâte tendre; décor à grecque en bleu pointillé d'or, entre deux bordures roses à rayures dorées et guirlandes de feuillage.

310. — **Tasse** cylindrique et sa soucoupe, en ancienne porcelaine de Sèvres, pâte tendre, décorée, sur fond blanc, de fleurettes, ornements en dorure sur fond à œil-de-perdrix; guirlandes et couronnes de laurier. Année 1775. Marque de *Mérault*.

311. — **Tasse** cylindrique et sa soucoupe, en ancienne porcelaine de Sèvres, pâte tendre, décorée, sur fond piqué rouge et bleu, de guirlandes de fleurs reliées par des rubans noués sur fond blanc réservé, et petits médaillons ovales ornés de fleurs.

312. — **Tasse** cylindrique et sa soucoupe en ancienne porcelaine de Sèvres, pâte tendre; décor à rosace violet et or, guirlandes de fleurs et petites fleurettes bleues entre bordures vertes, rehaussées de dorure. Année 1760. Marque de *Choisy*.

3**1**. — TASSE cylindrique et sa soucoupe, en ancienne porcelaine de Sèvres, pâte tendre, à fond *bleu de roi* et caillouté en dorure; sur la tasse, médaillon ovale avec figure de *Diane chasseresse;* sur la soucoupe. médaillon rond avec gibier mort. Période de la République. Marque de *Vincent.*

3**1**4. — GRANDE TASSE cylindrique et son présentoir, en ancienne porcelaine tendre de Sèvres, décorée, sur fond *rose* à œil-de-perdrix, de petits médaillons ornés de pensées, encadrés en dorure.

315. — TASSE de forme arrondie et sa soucoupe, en ancienne porcelaine de Sèvres, pâte tendre, décorée d'imbrications d'or sur fond blanc, entre deux bordures à pointillé bleu et guirlandes de laurier en dorure.

3**1**6. — TASSE cylindrique et sa soucoupe, en ancienne porcelaine de Sèvres, pâte tendre, décorée par bandes *bleu de roi* et blanc; sur le bleu, festons de fleurs en dorure à la partie supérieure, guirlandes de fleurs et nœuds de ruban à la partie inférieure; laurier courant et hachures en or. Année 1791. Marque de *Cornaille.*

3**1**7. — TASSE de forme arrondie et sa soucoupe, en ancienne porcelaine de Sèvres, pâte tendre, à fond *bleu de roi* et dentelle en dorure. Sur la tasse, médaillon réservé décoré, en couleur, de fleurs, fruits et animaux; au centre de la soucoupe, médaillon orné d'une fontaine, d'un vase de fleurs et d'un lapin.

3**1**8. — TASSE de forme arrondie et sa soucoupe, en ancienne porcelaine de Sèvres, pâte tendre, décorée, sur fond *bleu de roi,* de médaillons ovales allongés avec chutes de fleurs en couleur et culots de feuillages, séparés par des ornements en dorure. Année 1766. Marque de *Mérault.*

3**1**9. — TASSE de forme polylobée et sa soucoupe, en ancienne porcelaine de Sèvres, pâte tendre, décorée en couleur, sur fond blanc, de chutes de fleurs et feuillages, alternant avec des grillages; bordure *bleu de roi* et ornements en dorure. Année 1762. Marque *Thévenet père.*

320. — TASSE, dite *trembleuse*, à anses torsades, et son présentoir, en ancienne porcelaine de Sèvres, pâte tendre, décorée d'une grecque en bleu et pointillé d'or, ornée de petites rosaces en rouge sur fond or; guirlandes de feuilles: petite bordure pointillée rose.

321. — DEUX TASSES de forme arrondie et soucoupes, en ancienne porcelaine de Sèvres, pâte tendre, décorées, sur fond blanc, d'une large bordure à médaillons-rosaces en rouge sur or, séparés par des parties à fond bleu et treillis en or; au-dessous, guirlandes de fleurs. Année 1762.

322. — PETITE TASSE cylindrique et sa soucoupe, en ancienne porcelaine de Sèvres, pâte tendre, décorée, sur fond jaune, de petits médaillons à paysages reliés par des arabesques de fleurs et feuillages; bordures de laurier et filet or. Au centre de la soucoupe, trophée d'attributs de musique. Année 1788. Marque de *dame Maqueret* (née Rachel Bouillat).

323. — DEUX ASSIETTES à bord festonné, en ancienne porcelaine de Sèvres, pâte tendre, décorées d'une dentelle en dorure au marli.

324. — ASSIETTE en ancienne porcelaine de Sèvres, pâte tendre, décorée en couleur. Au centre, chiffre composé des lettres *M* et *P* entrelacées, surmonté d'une couronne de petites roses; au marli, six médaillons à fleurs, double bordure bleue semée de pois d'or et entre-deux de fleurettes. Année 1790. Marque de *Fontaine*.

325. — ASSIETTE à bord festonné, en ancienne porcelaine de Sèvres, pâte tendre, décorée en couleur. Au centre, ample bouquet de fleurs: au marli, trois médaillons ornés de fleurs, sur fond bleu turquoise, décorés de guirlandes retenues par une flèche, en dorure. Période de la République.

326. — TROIS PETITES ASSIETTES à bord festonné, en ancienne porcelaine de Sèvres, pâte tendre, décorées en couleur. Au centre, semis de fleurettes; au marli, ruban noué vieux rose et fleurs entre deux petites bordures à perles en dorure. Année 1784. Marque de *Choisy*.

327. — ASSIETTE en ancienne porcelaine de Sèvres, pâte tendre, décorée en couleur. Au centre, oiseau encadré d'un cercle marron, enguirlandé; marli à oiseaux et feuillage de laurier. Année 1790. Marques d'*Évans* et *Prévost*.

328. — PETITE ASSIETTE à bord festonné, en ancienne porcelaine de Sèvres, pâte tendre, décorée, en *camaïeu carmin*, de festons de fleurs; bordure dentelée en dorure. Année 1760. Marque de *Catrice*.

329. — ASSIETTE du service de la *Comtesse du Barry*, en ancienne porcelaine de Sèvres, pâte tendre, décorée en couleur. Au centre, le chiffre formé des lettres *D* et *B* entrelacées; au marli, petits vases en bleu réunis par des guirlandes de fleurs; petite bordure à entrelacs bleu et or. Année 1771.

330. — ASSIETTE creuse, en ancienne porcelaine de Sèvres, pâte tendre, décorée en couleur. Au centre, chiffre *C* en feuillage de laurier, couronné de roses; au marli, couronnes alternées de roses et laurier. Marques de *Lecot*, *Fouré* et *Buteux*.

331. — QUATRE ASSIETTES en ancienne porcelaine de Sèvres, pâte tendre, décorées en couleur. Au centre, bouquet de fleurs dans un médaillon encadré de bleu et d'or; au marli, petites fleurettes entre deux bordures bleu et or. Période de la République.

332. — ASSIETTE creuse, en ancienne porcelaine de Sèvres, pâte tendre, décorée en couleur. Au centre, bouquet de roses dans un médaillon circulaire à bordure bleue et perles simulées; marli à six médaillons ornés d'une pensée; bordures marron avec fleurettes et feuillage de laurier. Année 1784. Marque de *Bulidon*.

333. — DEUX ASSIETTES en ancienne porcelaine de Sèvres, pâte tendre; décor à *feuille de chou* en bleu, avec bouquet et guirlandes de fleurs; au centre, trophées de jardinage et de pêche.

334. — TROIS ASSIETTES creuses, en ancienne porcelaine de Sèvres, pâte tendre, décorée au centre de petits bouquets, et au marli d'une dentelle en dorure avec guirlandes fleuries. Marques de *Chauvaux* et *Georget*.

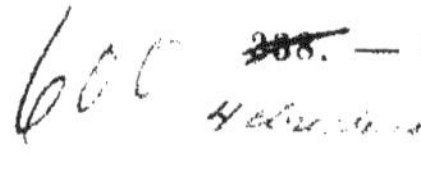

335. — DEUX ASSIETTES à bord festonné et marli gaufré à fleurettes en relief, en ancienne porcelaine de Sèvres, pâte tendre, décorées, en couleur, de deux rubans entrelacés verts, enfermant des bouquets de fleurs; marli avec branches fleuries en dorure. Année 1757.

336. — DEUX GRANDS PLATS ronds à bord festonné, en ancienne porcelaine tendre de Sèvres, décorés en couleur. Au centre, corbeille d'osier garnie de fleurs; au marli, guirlandes de petites roses. Marques de *Baudoin* et autres artistes.

Diam., 40 cent.

337. — DEUX ASSIETTES à pâte gaufrée en relief et bord festonné, en ancienne porcelaine tendre de Sèvres, décorées en couleur; au centre, bouquet de fleurs et fruits sur fond blanc; le marli offre trois médaillons à bouquets de fleurs, avec encadrement d'or, sur fond bleu turquoise.

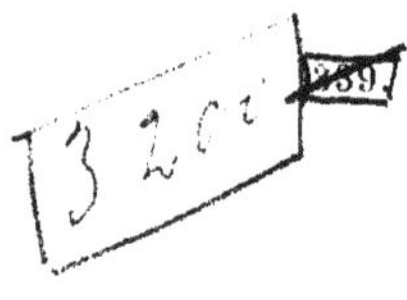

338. — CINQ ASSIETTES en ancienne porcelaine de Sèvres, pâte tendre, décorées, au centre, d'un bouquet de fleurs, en couleur, sur fond blanc; le marli offre trois médaillons à fleurs sur fond *bleu de roi*, caillouté en dorure. Époque Louis XV.

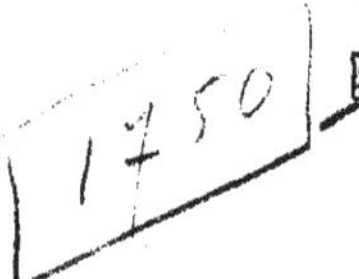

339. — QUATRE ASSIETTES à bord festonné, du *service de Buffon*, en ancienne porcelaine de Sèvres, pâte tendre, décorées en couleur au centre, oiseau dans un paysage, marli à œil-de-perdrix, sur fond vert. *S. lim*

> *Deux de ces assiettes proviennent de la collection Léopold Double.*

340. — ASSIETTE creuse, du *service de Buffon*, en ancienne porcelaine de Sèvres, pâte tendre, décorée en couleur. Au centre, oiseaux exotiques dans un paysage sur fond blanc; au marli, trois grands médaillons à oiseaux, et trois plus petits avec bustes en grisaille, sur fond vert à œil-de-perdrix. *S. lim*

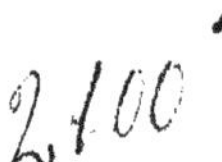

341. — ASSIETTE, dite de *Rohan*, en ancienne porcelaine de Sèvres, pâte tendre, décorée, sur fond bleu turquoise, de médaillons avec oiseaux sur fond blanc, encadrés en dorure; au centre, chiffre composé des lettres P. L. R. entrelacées, en or. Du service du *Prince de Rohan*. Année 1755. *1200—*

342. — DEUX ASSIETTES creuses, à bord festonné, du service de *Madame de Lamballe*, en ancienne porcelaine de Sèvres, pâte tendre, décorées en couleur. Au centre, chiffre composé des lettres C et L entrelacées, couronné de roses; au marli, trois médaillons avec couronnes de laurier; petite bordure bleu et or. Années 1773 et 1774. Marque de *Fontaine*.

343. — CACHE-POT-JARDINIÈRE de forme évasée, à rebord plat et festonné en ancienne porcelaine de Sèvres, pâte tendre, décoré en couleur. Sur la panse, deux médaillons avec fruits et fleurs, reliés par des guirlandes en dorure, sur fond *bleu de roi*. Sur le rebord, quatre petits médaillons à fleurs. Monté en candélabre à feuillage orné de fleurs en porcelaine. Année 1763.

344. — GLACIÈRE avec son couvercle, à deux anses et trois pieds, en ancienne porcelaine de Sèvres, pâte tendre; décor à bouquets de fleurs en couleur et petite bordure à hachures en bleu. Marques de *Thévenet* et *Baudoin*.

345. — AIGUIÈRE ET SON BASSIN, de forme contournée, à rocailles, en ancienne porcelaine de Sèvres, pâte tendre pour l'aiguière, pâte dure pour le bassin; décor en relief avec dorure, guirlandes de fleurs nouées et trophée d'attributs de musique en couleur.

346. — ÉCUELLE A BOUILLON à deux anses, avec couvercle et présentoir en ancienne porcelaine de Sèvres, pâte tendre, décor à œil-de-perdrix sur fond rose et guirlandes de fleurs.

347. — TÊTE-A-TÊTE composé de deux tasses à thé et soucoupes, sucrier couvert, théière couverte et crémier, en ancienne porcelaine de Sèvres, pâte tendre, à décor de semis de bleuets sur fond blanc. Année 1789. Marques de *Vieillard* et autres artistes.

348. — TASSE *trembleuse*, de forme obconique, à anse torsades, couvercle et présentoir, en ancienne porcelaine de Sèvres, pâte tendre, décorée, sur fond blanc, d'un semis de bleuets. Année 1760. Marques de *Lebel* et *Sioux aîné*.

349. — Déjeuner solitaire, composé d'un plateau de forme contournée à deux anses, une tasse et soucoupe, sucrier et théière, en ancienne porcelaine de Sèvres, pâte tendre. Décor en couleur : roses et bleuets. Année 1784. Marque de *Tardy*.

350 — Aiguière couverte et son bassin, de forme ovale et lobée, en ancienne porcelaine de Sèvres, pâte tendre; décor, en camaïeu rose, de guirlandes de fleurs retenues par des nœuds de ruban; bordure à hachures. Le couvercle de l'aiguière est monté en argent doré à coquille. Année 1757.

351. — Bourdaloue en ancienne porcelaine de Sèvres, pâte tendre, à fond *bleu de roi*, orné sur chaque face d'un médaillon réservé en blanc et décoré de fleurs en couleur, avec encadrement et guirlandes en dorure. Année 1776. Marque de *Bulidon*.

352. — Déjeuner solitaire, composé d'un plateau ovale, à lobes, tasse et soucoupe, théière couverte, sucrier couvert et pot à crème, en ancienne porcelaine de Sèvres, pâte tendre. Décor à quadrillés en violet, pointillé bleu et dorure; bordure extérieure à enroulements à rocailles en rouge, rinceaux en dorure, guirlandes de fleurs en couleur et pointillé vert. Année 1764. Marque de *X. Rowet*.

353. — Écuelle a bouillon couverte avec son présentoir, en ancienne porcelaine de Sèvres, pâte tendre, décor en couleur, sur fond pointillé lilas, de médaillon de roses avec ruban noué, couronnes de fleurs, bleuets et feuillage vert encadrant une rose. Année 1776. Marques de *Niquet* et *Baudoin*.

354. — Sous ce numéro : Quatorze Soucoupes en ancienne porcelaine de Sèvres, pour la plupart en pâte tendre, variées de décor. (Sera divisé.)

355. — Deux Pots a sorbet en ancienne porcelaine de Sèvres, pâte tendre, décorés d'une bordure à dentelle d'or, et chiffre, formé des lettres *D L R* entrelacées, en dorure, entouré de perles.

356. — Pot a crème couvert, à anse, en ancienne porcelaine de Sèvres, pâte tendre, décor à bordure, œil-de-perdrix rouge, bleu et or, et médaillon de roses; au-dessous, petites roses.

357. — Sucrier couvert, de forme arrondie, en ancienne porcelaine de Sèvres, pâte tendre, à fond blanc décoré de feuilles en couleur et dorure entrelacées, entre deux bordures bleues; le bouton du couvercle en argent.

358. — Deux Bouquets, garnitures de vases, en tôle peinte en vert simulant des feuillages ornés ensemble de neuf fleurs de lis en ancienne porcelaine tendre de Sèvres, émaillée en blanc.

359. — Flacon a thé couvert, de forme rectangulaire, à angles arrondis rentrants, en ancienne porcelaine de Sèvres, pâte tendre, décoré, sur fond blanc, de volatiles sur des arbustes. Année 1761. Marque de *Chapuis aîné.*

360. — Petit Sucrier couvert, de forme arrondie, en ancienne porcelaine de Sèvres, pâte tendre. Décor à treillis vert et or et deux médaillons avec oiseaux dans un paysage. Bouton du couvercle fait d'une fleurette en relief.

361. — Théière couverte, en ancienne porcelaine de Sèvres, pâte tendre décorée, à la partie supérieure, d'un lambrequin lilas chargé de guirlandes de roses; au-dessous, guirlandes de fleurs bordant un fond jaune. A la partie inférieure, bordure lilas et rinceau en dorure. Marque de *Bertrand.*

362. — Pot a crème à trois pieds, en ancienne porcelaine de Sèvres, pâte tendre, décoré d'une bordure à bouquets de fleurs sur fond pointillé bleu; au-dessous, guirlandes de laurier retenues par des anneaux en dorure; anse et pieds terminés par des feuillages en relief.

363. — Petit Pot a crème à trois pieds, en ancienne porcelaine de Sèvres, pâte tendre, décoré, sur fond blanc, d'un réseau vert pointillé d'or avec fleurettes.

364. — Pot a pommade cylindrique couvert, en ancienne porcelaine de Sèvres, pâte tendre. Décor à bande verte bordée d'or et guirlandes de fleurs ; sur le couvercle, fleurette en relief.

365. — Salière à trois compartiments et anse surélevée, en ancienne porcelaine de Sèvres, pâte tendre ; décor en couleur : vases reliés par des guirlandes de fleurs. Année 1771. Marque de *Le Bel jeune*.

366. — Théière cylindrique couverte, avec gorge, en ancienne porcelaine de Sèvres, pâte tendre, décorée, sur fond *bleu de roi* avec rinceaux en dorure, de deux médaillons réservés : l'un à vase de fleurs, l'autre à fruits et accessoires de jardinage. Année 1788.

367. — Théière couverte, en ancienne porcelaine de Sèvres, pâte tendre, décorée, sur fond *bleu de roi* à œil de perdrix en dorure, d'une partie centrale réservée en blanc avec guirlandes de fleurs en couleur ; anse et déversoir dorés. Année 1787.

368. — Théière couverte, en ancienne porcelaine de Sèvres, pâte tendre, décorée, sur fond *bleu de roi*, d'une bande avec vases, rinceaux et perles simulées en émaux de couleur.

369. — Théière couverte, en ancienne porcelaine de Sèvres, pâte tendre, décor à œil-de-perdrix sur fond lilas et médaillons réservés en blanc avec bouquets de roses, reliés entre eux par des festons en dorure. Sur le couvercle, bouton fait d'une fleurette en relief.

370. — Petite Tasse cylindrique et sa soucoupe, en ancienne porcelaine de Sèvres, pâte tendre, décorée de bandes vertes et bandes blanches ornées de fleurs et feuillages avec petits pois en dorure. Marque de *Richard*.

371. — Petite Tasse cylindrique et soucoupe, en ancienne porcelaine de Sèvres, pâte tendre, décorée, sur fond blanc, de guirlandes de fleurs en couleur ; bordure à pointillé bleu. Année 1769.

372. — Tasse cylindrique et soucoupe, en ancienne porcelaine de Sèvres, pâte tendre, décorée, sur fond blanc, d'un quadrillé bleu et or. Année 1770.

373. — Tasse cylindrique, légèrement arrondie à la base, et sa soucoupe, en ancienne porcelaine de Sèvres, pâte tendre, décorée de festons de fleurs sur fond blanc, entre deux bordures *bleu de roi* et œil-de-perdrix en dorure. Marque de *Boucot*.

374. — Petite Tasse cylindrique et soucoupe, en ancienne porcelaine de Sèvres, pâte tendre, décorée, sur fond blanc, de petits médaillons encadrés de feuillage en dorure avec rose au centre. Année 1769.

375. — Tasse cylindrique et sa soucoupe, en ancienne porcelaine de Sèvres, pâte tendre, décorée, sur fond blanc, de pois en or, guirlandes de fleurs en couleur et couronnes de laurier retenues par des nœuds de ruban. Année 1783. Marque de *Choisy*.

376. — Tasse cylindrique et sa soucoupe, en ancienne porcelaine de Sèvres, pâte tendre, décorée, sur fond blanc, d'un lambrequin à rinceaux carmin et œil-de-perdrix avec hachures en or, entouré de laurier. Au centre de la soucoupe, médaillon rond encadré de feuillage; bordure *bleu de roi* et rinceau doré. Année 1770.

377. — Deux Tasses cylindriques et soucoupes, en ancienne porcelaine de Sèvres, pâte tendre, décorées, sur fond *bleu de roi*, d'un médaillon réservé en blanc avec bouquet de roses, bordé de dorure. Marque de *Vincent*.

378. — Petite Tasse couverte, dite *trembleuse*, avec son présentoir en ancienne porcelaine de Sèvres, pâte tendre. Décor à petit carrelage et œil-de-perdrix rose, petits médaillons réservés en blanc ornés de roses ou d'attributs de jardinage; couronnes ou guirlandes de fleurs et feuillage en couleur et dorure. Marques de *Vieillard* et *Toyau*.

379. — Tasse cylindrique et sa soucoupe, en ancienne porcelaine de Sèvres, pâte tendre, à fond *bleu de roi* et dentelle d'or, avec médaillons réservés en blanc, décorés d'un arbuste en camaïeu entouré de roses.

6

380. — TASSE de forme arrondie et sa soucoupe, en ancienne porcelaine de Sèvres, pâte tendre, décorée, sur fond blanc : au centre, d'une étoile faite de laurier entourant un bouton de rose ; au bord, quadrillé bleu et ruban courant à festons de fleurs. Année 1771.

381. — TASSE de forme arrondie et sa soucoupe, en ancienne porcelaine de Sèvres, pâte tendre, décorée, sur fond blanc, de cinq petits médaillons ornés de paysages en camaïeu bleu et de guirlandes de fleurs en couleur ; bordure rouge brique et quadrillé en dorure. Année 1763. Marque de *Thévenet*.

382. — TASSE de forme arrondie, à anse, avec sa soucoupe, en ancienne porcelaine de Sèvres, pâte tendre ; décor à médaillons à cinq lobes de forme contournée et ornés de fleurs, bordés d'ornements en dorure sur fond *bleu turquoise*. Marque de *Taillandier*.

383. — TASSE analogue à la précédente, en ancienne porcelaine de Sèvres, pâte tendre, avec fond *rose du Barry*. Marque de *Fontaine*.

384. — TRÈS GRANDE TASSE, de forme obconique, à deux anses, couvercle bombé et présentoir, en ancienne porcelaine de Sèvres, pâte tendre, décorée, sur fond *vert olive*, de petits médaillons réservés et disposés régulièrement avec rose au centre. Le bouton du couvercle modelé en relief. Année 1767.

385. — TASSE MIGNONNETTE de forme arrondie et sa soucoupe, en ancienne porcelaine de Sèvres, pâte tendre, décorée de hachures en or et ornements en brun ; centre et bordure à guirlandes de fleurs bleues. Marques de *Grison* et *Thévenet père*. (Anse rapportée en métal.)

386. — TASSE MIGNONNETTE et sa soucoupe, en ancienne porcelaine de Sèvres, pâte tendre, décorée, sur fond blanc, de quatre médaillons avec roses, entourés de laurier. Au centre, bouton de rose dans un cercle ; bordure bleu clair et hachures en dorure. Marque de *Vieillard*.

387. — TASSE MIGNONNETTE de forme arrondie, à deux anses, et sa soucoupe, en ancienne porcelaine de Sèvres, pâte tendre, décorée de roses et guirlandes de laurier. Année 1773.

388. — TASSE MIGNONNETTE et sa soucoupe, en ancienne porcelaine de Sèvres, pâte tendre, à fond *bleu turquoise* décoré de petits émaux rouges ou blancs simulant des pierres ou perles. Marque de *Prévost*.

389. — DEUX TASSES MIGNONNETTES et soucoupes, en ancienne porcelaine de Sèvres, pâte tendre et pâte dure, décorées, en couleur, d'oiseaux et feuillages.

390. — TASSE MIGNONNETTE et sa soucoupe, en ancienne porcelaine de Sèvres, pâte tendre, décorée de hachures en bleu et de guirlandes de fleurs en couleur retenues par des nœuds de ruban. Année 1783.

391. — TASSE MIGNONNETTE de forme arrondie et sa soucoupe, en ancienne porcelaine de Sèvres, pâte tendre, décorée sur fond bleu de hachures et médaillons réservés en blanc, chargés de roses avec ornements en dorure. Année 1777. Marque de *Mérault aîné*.

392. — TASSE MIGNONNETTE et sa soucoupe, en ancienne porcelaine de Sèvres, pâte tendre, décorée, sur fond vert, d'un médaillon à bouquets de fleurs, encadré de dorure. Marques de *Commelin* et *Le Guay*.

393. — TASSE MIGNONNETTE et sa soucoupe, en ancienne porcelaine de Sèvres, pâte tendre, décorée en couleur de guirlandes de laurier et de roses dans des médaillons; bordure bleue à rinceau en dorure. Année 1769. Marque de *Thévenet*.

394. — TROIS TASSES ET UNE SOUCOUPE MIGNONNETTES dépareillées, à décors divers, en ancienne porcelaine de Sèvres, pâte tendre.

395. — MARRONNIÈRE couverte, à anse torsade, avec plateau adhérent de forme lobée et ajourée, en ancienne porcelaine de Sèvres, pâte tendre, décorée de bouquets de fleurs dans des médaillons encadrés de feuillages ajourés bordés en bleu et or. Année 1758. Marque *Mérault aîné*.

396. — JARDINIÈRE forme *éventail*, sur son socle mobile, en ancienne porcelaine de Sèvres, pâte tendre, à fond *bleu turquoise* et réserves de médaillons à bouquets de fleurs en couleur sur fond blanc, encadrés de rinceaux en dorure. Année 1758.

Haut., 19 cent. 1/2.

ANCIENNES PORCELAINES DE SÈVRES
PATE DURE

397. — PETITE TASSE cylindrique et sa soucoupe, en ancienne porcelaine de Sèvres, pâte dure, décorée, sur fond blanc, d'un médaillon à paysage maritime animé de petits personnages; bordure à festons de fleurettes et dorure. Année 1780. Marque de *Vieillard*.

398. — PETITE TASSE cylindrique et soucoupe, en ancienne porcelaine de Sèvres, pâte dure, décorée, sur fond blanc, de festons de fleurs par bandes brisées et œil-de-perdrix en dorure. Année 1780.

399. — THÉIÈRE couverte, en ancienne porcelaine de Sèvres, pâte dure, décorée de guirlandes de feuilles et semis de roses. Année 1777.

400. — DEUX PETITS POTS A CRÈME couverts, en forme de petites marmites à trois pieds, en ancienne porcelaine dure de Sèvres; décor de bordures à festons de fleurs entre filets en dorure.

401. — GRANDE TASSE cylindrique et soucoupe, en ancienne porcelaine de Sèvres, pâte dure, décorée, sur fond blanc, d'un médaillon avec faisan sur la tasse, et oiseau sur la soucoupe, encadré de rinceaux avec bordure dorée.

402. — TASSE cylindrique et soucoupe, en ancienne porcelaine de Sèvres, pâte dure; décor à fond lilas clair et bordure blanche; médaillons de forme contournée à sujets chinois encadrés de dorures et arabesques. Marque de *Le Guay*.

403. — TRÈS PETITE CAFETIÈRE couverte, en ancienne porcelaine de Sèvres, pâte dure, décorée, sur fond blanc, d'un semis de bleuets. Année 1781. Marque de *Taillandier*.

404. — VASE forme urne antique à deux anses dorées, en porcelaine dure de Sèvres, à fond bleu et arabesques en dorure, et deux médaillons à figures de femmes dans le style pompéien.

405. — TASSE MIGNONNETTE de forme arrondie et sa soucoupe, en ancienne porcelaine de Sèvres, pâte dure ; décor à couronnes de roses et guirlandes de fleurs. Année 1789.

406. — TASSE MIGNONNETTE et sa soucoupe, en ancienne porcelaine de Sèvres, pâte dure, à fond bleu clair, bordure à œil-de-perdrix sur fond rose et petits médaillons à fleurs.

407. — TASSE MIGNONNETTE et sa soucoupe, en ancienne porcelaine de Sèvres, pâte dure, à fond brun-rouge et cercles concentriques en dorure ; petit médaillon et bande à fleurs en couleur.

408. — TASSE cylindrique et soucoupe en ancienne porcelaine de Sèvres, pâte dure, décorée, sur fond vert d'eau, de médaillons en réserve avec festons et couronnes de fleurs en couleur. Année 1777. Marques de *Vincent* et autre.

409. — TASSE cylindrique et soucoupe ; en ancienne porcelaine de Sèvres, pâte dure, décorée, sur fond blanc, de bandes bleues à festons de fleurs en couleur et rinceau en dorure. Marques *Henrion* et autre.

410. — GRANDE TASSE cylindrique et soucoupe, en ancienne porcelaine de Sèvres, pâte dure, décorée, sur fond d'or, d'un médaillon ovale : *Jeune femme prenant une tasse de café ;* entrelacs et guirlandes en dorure. Au centre de la soucoupe, couronne de roses et attributs.

411. — TASSE cylindrique et soucoupe, en porcelaine de Sèvres, décorée, sur fond *bleu de roi*, d'un semis d'étoiles d'or. Année 1784.

412. — POT A CRÈME, en ancienne porcelaine de Sèvres, pâte dure ; décor à *emblèmes républicains*, semis de bleuets et coquelicots sur fond blanc ; au centre, bonnet phrygien lauré au milieu d'un soleil en dorure. Période de la République. Marques *Prévost* et *Parpette*.

413. — CHOCOLATIÈRE cylindrique à gorge avec couvercle, en ancienne porcelaine de Sèvres, pâte dure, fond *bleu de roi* à pois d'or : à l'épaulement, compartiments à bouquets de roses sur fond ornementé en dorure. Monture en argent doré et manche en bois tourné. Année 1781. Marque de *Vincent*.

414. — DEUX TASSES de forme arrondie avec soucoupes, en ancienne porcelaine de Sèvres, pâte dure, décorées, sur fond blanc, de festons de fleurs en couleur et en dorure.

415. — GRANDE TASSE cylindrique et soucoupe, en ancienne porcelaine de Sèvres, pâte dure, décorée, sur fond blanc, d'amples bouquets de fleurs, suspendus par un nœud de ruban avec *cocarde tricolore* et attributs des *trois ordres*. Au centre de la soucoupe, *bonnet phrygien*. Année 1789.

416. — GRANDE TASSE cylindrique à anse et son présentoir, en ancienne porcelaine de Sèvres, pâte dure, décorée, sur fond mauve chargé d'un treillis de roses, d'un médaillon avec attributs de musique sur la tasse et rinceaux de dorure. La soucoupe offre au marli trois médaillons analogues, et, au centre, une rosace en dorure. Marques *Le Bel* et *Vincent*.

417. — PETITE ÉCUELLE à bouillon couverte, à deux anses torsades et présentoir, en ancienne porcelaine de Sèvres, pâte dure : décor à semis de trèfles et bordure à dentelle d'or ; médaillon avec chiffres formé de lettres entrelacées en myosotis, roses et or.

418. — THÉIÈRE-VERSEUSE de forme sphérique, avec couvercle et déversoir à tête d'oiseau, en ancienne porcelaine de Sèvres, pâte dure, décorée d'un semis de bleuets sur fond blanc. Monture à anse de panier faite de deux montants en forme de lyre.

419. — DEUX CORBEILLES à anses, en ancienne porcelaine de Sèvres, pâte dure, décor à fleurs et bouquets. *300 —*

420. — GRANDE COUPE circulaire, en porcelaine dure de Sèvres, décorée, sur fond *bleu de roi*, au centre, d'un médaillon à rosace en dorure et couronne de laurier ; large bande à festons de bouquets de fleurs en couleur ; bordure bleu et or. Marque de la période de la République.

Diam.. 47 cent.

421. — **Deux grandes Tasses** cylindriques et soucoupes, en ancienne porcelaine de Sèvres, pâte dure, richement décorées, en dorure, de rinceaux à l'une et quadrillés à l'autre, avec médaillons : bustes de *Louis XVI et Marie-Antoinette* (dauphin et dauphine) en grisaille sur fond brun. Année 1772. (Pièces exécutées lors du mariage de Louis XVI et Marie-Antoinette.) Marque ornementée et sigle de *Vincent*.

422. — **Deux Soupières** avec couvercles et plateaux, en ancienne porcelaine de Sèvres, pâte dure, décorées, en couleur, de bouquets de fleurs. Les anses et les pieds de soupières, ainsi que les oreilles ajourées des plateaux, sont modelés en relief à feuillages et ornés de hachures en bleu. Année 1778. Marque de *Levé*.

423. — **Deux Pots** cylindriques couverts, en ancienne porcelaine de Sèvres, pâte dure, décorés, en couleurs et dorure, de médaillons encadrés de fleurs avec trophées d'attributs au centre. Marques de *Prévost* et *Buteux*.

> Haut., 14 cent.

424. — **Petit Tableau** bordé d'une moulure dorée, simulant un cadre, en ancienne porcelaine de Sèvres, pâte dure, de forme rectangulaire ; au centre, petit médaillon rond orné d'une chienne *King-Charles allaitant ses petits*, en cire polychromée, encadrement de guirlandes, de roses et autres fleurs, en couleur.

> Haut., 12 cent. 1/2. — Larg., 15 cent.

425. — **Petit Tableau** rectangulaire bordé d'une moulure dorée simulant un cadre, en ancienne porcelaine de Sèvres, pâte dure. Au centre, médaillon en creux, orné d'un buste en ivoire, Louis XVI de profil, en bas-relief ; entourage peint en couleur : guirlandes de fleurs liées par un nœud de ruban, avec feuillages. Au-dessous, sur une tablette, on lit l'inscription suivante :

> Du peuple, à ton avènement,
> Louis, tu te montras le père,
> Et, de son premier mouvement,
> Il te nomma Louis le populaire.

Année 1774. Marques de *Prévost* et autre.

> Haut., 16 cent. — Long., 19 cent.

ANCIENS BISCUITS DE SÈVRES
ET AUTRES FABRIQUES

426. — DEUX GROUPES faisant pendants, en ancien biscuit de *Paris-Locre*. Ils symbolisent, sous les traits d'une femme et d'un enfant, l'*Amour* et l'*Espérance*.

Haut.. 26 cent.

427. — PETIT BUSTE DE LOUIS XV, couronné de laurier, en ancien biscuit de *Sèvres*, sur socle, fût de colonne cannelée.

428. — SÉRIE DE TROIS PETITS MÉDAILLONS ronds en ancien biscuit et porcelaine de *Sèvres*. Bustes de *Louis XVI* et *Marie-Antoinette*, et le *Dauphin* tenant une branche de lis. assis sur un coussin, avec l'inscription *MDCCLXXXI, 12 octobre*.

429. — PETIT VASE, forme Médicis, à deux anses, en ancien biscuit, orné de rayures, coquilles et carreaux décorés en dorure. Il renferme un bouquet de fleurettes en ancienne porcelaine décorée.

430. — DEUX MÉDAILLONS ovales. en ancien biscuit de *Sèvres*, avec personnages en bas-relief; blanc sur fond bleu. Cadres en bronze doré.

431. — DEUX MÉDAILLONS ovales, en ancien biscuit de *Sèvres*. Bustes d'hommes de profil en blanc sur fond bleu; l'un d'eux porte l'inscription : *M. Etlinger, directeur de la manufacture de Sèvres*. Nommé en 1784, par le comte d'Angiviller, pour seconder le directeur Bachelier.

432. — PAIRE DE PETITS VASES-TULIPES. en ancien biscuit de *Sèvres*, à deux anses. feuillagées, et piédouche.

7

133. — Deux Plaques bas-reliefs, en ancien biscuit, à corbeilles de fleurs soutenues par un ruban noué, en blanc sur fond bleu. Elles sont montées en porte-montre dans des cadres en citronnier avec ornements en acier. Époque Louis XVI.

134. — Deux Statuettes faisant pendants, en ancien biscuit de *Sèvres* : *Jeune Femme debout, chantant,* et *Jeune Homme jouant de la cornemuse.* Marque en creux L R 9 (*Le Riche*).

135. — Groupe en ancien biscuit de *Sèvres : le Sabot cassé.* Marqué d'un *R* avec le chiffre *19*, en creux.

Haut., 17 cent.

136. — Groupe en ancien biscuit de *Sèvres : Deux enfants et un ours.* Marqué d'un B en creux sur la terrasse.

Haut., 15 cent.

137. — Groupe en ancien biscuit : *Bacchus* sur un tonneau, entouré d'enfants et d'une nymphe, sur des rochers, avec panier et pampres de vigne.

Haut., 32 cent.

138. — Statuette de « Figaro », en ancien biscuit de *Sèvres*; il est représenté un genou à terre, sa guitare au dos, tenant un livre appuyé sur l'autre genou.

Haut., 27 cent.

139. — Deux Groupes faisant pendants, en ancien biscuit de *Sèvres : la Lanterne magique* et *la Marchande de plaisirs.*

Haut., 16 cent. — Larg., 17 cent.

140. — Deux Statuettes faisant pendants, *Garde à vous* et *Jeune Fille à l'arc,* en ancien biscuit de *Sèvres.* Socles formés de fûts de colonne cannelée.

Haut. 31 cent.

141. — Petite Pendule faite d'un groupe en ancien biscuit de *Lorraine,* figurant un berger jouant avec un chien, sur un rocher contre lequel s'appuient des moutons. Sur la base, applique à milleraie en cuivre.

Haut., 25 cent.

ANCIENNES PORCELAINES PATE TENDRE
DE FABRIQUES DIVERSES

142. — SALIÈRE à deux compartiments, à anse de panier, en ancienne porcelaine tendre décorée en vert et rehauts d'or.

143. — DEUX STATUETTES d'enfants debout figurant la *Moisson*, en ancienne porcelaine tendre, émaillées blanc.

144. — DEUX PETITS POTS cylindriques en porcelaine tendre, à fond *bleu de roi*, et médaillons réservés en blanc, avec fleurs en couleur, encadrés en dorure. Dans chacun d'eux est un bouquet de fleurettes en ancienne porcelaine.

145. — ASSIETTE à bord festonné, en ancienne porcelaine tendre d'*Arras*, décorée en couleur. Au centre, bouquet de fleurs; au marli, trois fleurettes.

146. — PORTE-HUILIER à deux anses, avec feuillages en relief et ajourés, en ancienne porcelaine tendre d'*Arras*; bordure bleue.

147. — BRULE-PARFUM en ancienne porcelaine pâte tendre *(Capo di monte?* , orné de fleurs et feuillage en relief. Monture moderne en bronze doré.

148. — DEUX PETITS POTS A POMMADE lobés, avec couvercles, en ancienne porcelaine tendre de *Sceaux*; décor en couleur à fleurs; le bouton des couvercles est fait d'une cerise en relief.

149. — PETITE ÉCUELLE à deux anses torsadées, avec couvercle et présentoir lobé, en ancienne porcelaine tendre de *Sceaux*; décor, en couleur, de festons de fleurs et rubans roses entrelacés. Couvercle orné d'un branchage en relief décoré au naturel.

450. — Pot a crème couvert, en ancienne porcelaine tendre de *Bourg-la-Reine;* décor à fleurs en couleur.

451. — Sucrier a poudre de forme ovale avec plateau adhérent lobé, en ancienne porcelaine tendre de *Bourg-la-Reine,* décoré en couleur de bouquets de fleurs et filet rose; sur le couvercle, branchage et fruits en relief décorés au naturel.

452. — Quatre Couteaux de table, à manches en ancienne porcelaine tendre de *Chantilly* et *Rouen,* variés de décor.

453. — Assiette à bord lobé et marli gaufré à vannerie, en ancienne porcelaine tendre de *Chantilly,* décorée, au centre, d'un *Amour dessinant* sur un nuage, d'après Boucher, en camaïeu violet.

454. — Sucrier à poudre à quatre lobes, avec couvercle et présentoir, en ancienne porcelaine tendre de *Chantilly;* décor coréen en couleur; le bouton du couvercle formé de trois liserons en relief.

455. — Vase Pot-Pourri, avec couvercle, en ancienne porcelaine tendre de *Chantilly* (le dessous en biscuit). La panse, ainsi que le couvercle, sont ornés de branches fleuries modelées en relief et décorées au naturel, sur fond blanc.

456. — Moutardier, forme tonnelet, avec son couvercle et présentoir, en ancienne porcelaine tendre de *Chantilly;* décor en gros bleu et blanc avec fleurettes en dorure. Marque en bleu, et en creux, dans la pâte, la signature : *Ledru.* (Une petite cuillère accompagne le moutardier.)

Mentionné dans l'*Histoire des manufactures de porcelaine française,* par MM. de Chavagnac et Grollier, page 87.

457. — Magot assis, en ancienne porcelaine tendre de *Chantilly,* décoré en couleur d'une robe avec parties jaunes, fleurs et ornements variés.

458. — Cache-pot, forme vase à piédouche, à pâte gaufrée simulant la vannerie, en ancienne porcelaine tendre de *Chantilly,* à fond jaune, décoré de deux médaillons ronds unis, réservés en blanc et ornés d'un bouquet de fleurs en couleur.

459. — ASSIETTE à bord festonné, en ancienne porcelaine tendre de *Chantilly*, décorée, sur fond blanc, d'un quadrillé bleu à pointillé d'or; médaillon central, à bouquet de fleurs, et, au pourtour, six autres petits médaillons à fleurettes, bordés en dorure.

460. — DEUX SALIÈRES, l'une ronde, l'autre rectangulaire à angles coupés, en ancienne porcelaine tendre de *Saint-Cloud;* décor à lambrequin bleu sur fond blanc.

461. — TASSE, forme vase, et son présentoir, à pâte godronnée en relief; ancienne porcelaine tendre de *Saint-Cloud*. Décor à petit lambrequin en bleu.

462. — TASSE de forme évasée, avec soucoupe, à pâte gaufrée simulant des écailles de pin, en ancienne porcelaine tendre de *Saint-Cloud;* décor à filets en dorure. Marque $\dfrac{S^t\ C}{T}$

463. — DEUX TRÉS PETITS POTS A POMMADE couverts, en ancienne porcelaine tendre de *Saint-Cloud*, décor en bleu de lambrequin.

464. — DEUX PETITES POMMES DE CANNE, en ancienne porcelaine tendre de *Saint-Cloud*, décorées, sur fond blanc, d'arabesques en relief et dorure.

465. — POT cylindrique couvert, en ancienne porcelaine tendre de *Saint-Cloud*, orné de branches fleuries en relief et émaillé blanc; petite monture en argent.

466. — DEUX VASES brûle-parfum, formés chacun d'une corbeille en vannerie à anses, reposant sur rochers avec feuillages; couvercles ajourés, ornés de fleurs en relief, en ancienne porcelaine tendre de *Saint-Cloud*, émaillée en blanc.

Haut., 15 cent.

467. — POT A CRÈME, pâte gaufrée à spirales, en ancienne porcelaine tendre de *Mennecy-Villeroi;* décor à fleurs en couleur.

468. — POMME DE CANNE, en ancienne porcelaine tendre de *Mennecy-Villeroi*, décorée, sur fond blanc, de petits bouquets en couleur.

300 469. — TASSE de forme arrondie, à anse, avec sa soucoupe, en ancienne porcelaine tendre de *Mennecy-Villeroi*, décorée, en couleur, d'un oiseau perché sur rocher dans un paysage.

150 470 — THÉIÈRE couverte, en ancienne porcelaine tendre de *Mennecy-Villeroi*, décorée, en couleur, sur deux faces, d'un ample bouquet de fleurs.

261 471. — CUILLER à sucre, en ancienne porcelaine tendre de *Mennecy-Villeroi*, décorée de petites fleurettes en couleur; cartouche à feuillages en bleu et rouge sur le manche.

165 472. — DEUX COQUETIERS, en ancienne porcelaine tendre de *Mennecy-Villeroi*, décorés de petits bouquets de fleurs en couleur. Marque D. V. f. en creux.

473. — POT A LAIT couvert, en ancienne porcelaine tendre de *Mennecy-Villeroi*, décoré de petits bouquets en couleur.

474. — POT A CRÈME, à anse et trois pieds-feuilles, en ancienne porcelaine tendre de *Mennecy-Villeroi*, décoré, en couleur, d'oiseaux sur des branchages. Marque en creux d. D. V.

475. — BOITE rectangulaire, à pâte gaufrée, en ancienne porcelaine tendre de *Mennecy-Villeroi*, décorée sur toutes ses faces, ainsi qu'au revers du couvercle, de bouquets de fleurs en couleur. Monture à charnière en argent.

476. — DEUX DRAGEOIRS, en ancienne porcelaine tendre de *Mennecy-Villeroi*, formés chacun d'un chien carlin couché, décoré au naturel; couvercles décorés de fleurs en couleur, et en relief sur l'un des deux; montures à charnière en argent.

477. — PAIRE DE PETITS VASES, de forme Médicis, sur socles, en ancienne porcelaine tendre de *Mennecy-Villeroi*, à pâte gaufrée et décor de fleurs en couleur.

478. — POT A LAIT, en ancienne porcelaine tendre de *Mennecy-Villeroi*, décoré, sur la panse, d'un paysage avec berger, bergère et troupeau de chèvres, en couleur. Marque en creux : A. D. V.

479. — **Paire de Vases-Tulipes**, à deux anses feuilles, en ancienne porcelaine tendre de *Mennecy-Villeroi*, décorés en couleur, sur les deux faces, de guirlandes et chutes de fleurs; petits bouquets sur le piédouche, hachures rouges au col.

480. — **Deux Cache-Pots-Jardinières**, de forme contournée, à deux anses à coquilles en relief, en ancienne porcelaine tendre de *Mennecy-Villeroi*, décorés de godrons en relief à la base et de branches fleuries en couleur.

Haut., 14 cent. — Larg., 21 cent.

481. — **Deux Statuettes** faisant pendants : *Jeune Garçon* et *Fillette*, en ancienne porcelaine tendre de *Mennecy-Villeroi*, décorées en couleur.

Haut., 17 cent.

ANCIENNES PORCELAINES DE PARIS

482. — Sucrier à anses en porcelaine à pointillé d'or du temps de la Restauration.

483. — Neuf Corbeilles à piédouche, de forme et grandeur variées, en ancienne porcelaine de Paris, dorée.

484. — Paire de Cornets ou porte-bouquets, en ancienne porcelaine dure de Paris, à fond vert olive et cartel en dorure avec chiffre formé des lettres *I* et *M* entrelacées.

485. — Deux Vases-Jardinières sur socles mobiles, en ancienne porcelaine dure de Paris à fond noir et bouquets de fleurs en couleur; deux mascarons à têtes de lion.

486. — Petit Vase, forme Médicis, à deux anses têtes de bélier, en ancienne porcelaine dure de Paris, à fond d'or et paysage animé : berger et troupeau.

487. — Tasse cylindrique et soucoupe, en ancienne porcelaine dure de Paris; décor à large bordure et trois médaillons à chiffres; guirlandes entrelacées et fleurs entre bordures dorées. Au centre de la soucoupe, chiffres à plusieurs lettres entrelacées en dorure.

488. — Théière couverte, en ancienne porcelaine dure de Paris; décor à guirlandes de fleurs, festons de laurier enrubanné sur fond rose clair strié et bordures en or.

489. — Tasse Mignonnette et sa soucoupe, en ancienne porcelaine dure de Paris, décorée en violet avec bordures à oves en dorure.

490. — Vase, en ancienne porcelaine dure de Paris, décor à médaillons ornés d'oiseaux, encadrés d'une dentelle d'or, guirlandes de liserons et quadrillé œil-de-perdrix, en dorure, sur fond blanc. Piédouche en bronze doré et socle en marbre bleu turquin.

491. — Saucière à deux anses, de forme lobée, et son présentoir, en ancienne porcelaine de Paris; décor en couleur de bouquets de fleurs et petits filets d'or.

492. — Vase, de forme ovoïde avec gorge et deux anses dragons, en ancienne porcelaine dure de Paris; décor en dorure et en relief : sujets d'après l'antique et laurier.

Haut., 26 cent.

493. — Cuiller à sucre, en ancienne porcelaine dure de Paris, décorée en couleur, de guirlandes de feuilles et ruban entrelacés; manche en bois tourné.

494. — Tasse cylindrique et soucoupe, en ancienne porcelaine dure de Paris, décorée de guirlandes et chutes de fleurs en couleur. Marque *D*, en rouge.

Voir : *Histoire des manufactures de porcelaine française,* par MM. de Chavagnac et Grollier, page 459.

495. — Cafetière couverte, en ancienne porcelaine dure de Paris, décorée, sur fond blanc, d'un semis régulier de fleurettes, roses et fleurons en dorure.

496. — Deux petits Cache-Pots, à anses coquilles en ancienne porcelaine dure de Paris, pouvant se faire pendant; décor à bouquets de fleurs en couleur.

497. — Cafetière couverte, en ancienne porcelaine dure de Paris; décor à semis de fleurettes et petites feuilles en or sur fond blanc. Manche en bois tourné.

498. — Écuelle a bouillon à deux anses carrées, couvercle et présentoir, en ancienne porcelaine dure de Paris; décorée d'un semis de petites feuilles en dorure; marli à ruban violet, cordons de perles et petits feuillages dorés.

8

499. — DEUX ASSIETTES, en ancienne porcelaine de Paris, décorées au centre de vues du château de Chantelou _(sic)_, l'une d'elles portant la signature *P.-J. Petit*. Marli à fond d'or avec fleurs et feuillages réservés. Dans un médaillon, des armoiries.

500. — DEUX JARDINIÈRES-CAISSES, en ancienne porcelaine dure de Paris; décor en couleur à bouquets de fleurs.

501. — DEUX JARDINIÈRES à deux anses faites d'anneaux fixes, en ancienne porcelaine de Paris, décorées, en couleur, de vases, rinceaux, fleurs, et des attributs de l'Amour; bordures dorées.

502. — PAIRE DE PETITS SEAUX de forme obconique, à deux anses faites d'anneaux fixes, en ancienne porcelaine de Paris, décorés de deux médaillons avec chiffres, formés des lettres entrelacées, *F* et *L* dans l'un, *I* et *B* dans l'autre, en couleur et dorure.

503. — VASE sur piédouche, en ancienne porcelaine dure de Paris; décor en dorure et deux médaillons à sujets mythologiques. Base carrée marbrée. Il est garni d'un bouquet de fleurettes en porcelaine de Sèvres et de Saxe.

Haut., 17 cent.

504. — GRANDE AIGUIÈRE couverte, à anse, avec son bassin, en ancienne porcelaine dure de Paris, décorée d'un paysage maritime animé de petits personnages; riche lambrequin à arabesques et guirlandes de fleurs; monture en cuivre doré.

Haut. de l'aiguière, 27 cent.

505. — SERVICE A CAFÉ composé de huit tasses et soucoupes, cafetière couverte, sucrier couvert et grand pot à lait, en ancienne porcelaine de Paris, de *Darte frères;* décor à fond d'or avec fleurs et feuillage en couleur.

506. — SUCRIER couvert, à deux anses, de forme antique, en ancienne porcelaine dure de Paris, de la fabrique de *Dihl*, à fond rose, et deux médaillons à personnages en couleur; bordures dorées.

507. — Service a thé composé de dix tasses, huit soucoupes, grande
cafetière, théière, sucrier, pot à lait et bol, en ancienne porcelaine dure de Paris *(Derruelle, rue de Crussoles)*; décor de
quadrillé en dorure. (Quelques pièces ont été refaites.)

508. — Plateau circulaire à bord relevé et ajouré simulant la vannerie,
en ancienne porcelaine dure de la fabrique de *Nast*, à Paris;
décor barbeau.

509. — Tasse de forme évasée, à anse, trois pieds-griffes et présentoir,
en ancienne porcelaine dure de Paris, de la fabrique de *Nast*,
à fond d'or avec médaillon : Amour et vase, en couleur sur
fond brun rouge. Sous la soucoupe, on lit : *Nast, à Paris, par
brevet d'invent*, en dorure

510. — Sucrier et Pot a lait, en ancienne porcelaine dure de Paris, de la
fabrique de *Nast*, à fond blanc et médaillons ovales à paysages,
ornés d'un nœud de ruban rose et semis de bouquets de fleurs.

511. — Sucrier couvert, de forme ovoïde, à deux anses, têtes d'aigles, en
ancienne porcelaine de Paris, de la fabrique de *Nast;* décor en
couleur à lambrequin bleu, rouge et or; cordon de perles en
dorure et en relief.

512. — Grande Tasse cylindrique et soucoupe, en ancienne porcelaine de
Paris *(sous le patronage du duc d'Angoulême)*; décor barbeau.

513. — Petit Poëlon-Cocotte en ancienne porcelaine dure de Paris *(sous
le patronage de Charles-Philippe, comte d'Artois)*; décor de fleurs
en couleur. Petit manche en bois tourné.

514. — Deux Assiettes en ancienne porcelaine de Paris *(patronage de
Charles-Philippe, comte d'Artois)*, décorées, en couleur, d'un
semis de myosotis; médaillon central avec fleurs et bordure de
feuillage et dorure.

515. — Deux Poëlons couverts, avec manches en bois tourné, ancienne
porcelaine dure de Paris *(patronage de Charles-Philippe, comte
d'Artois)*; décor en couleur de bouquets de fleurs; branchages
en relief sur les couvercles.

516. — Tasse cylindrique et soucoupe, en ancienne porcelaine dure de Paris *(sous la protection du duc d'Orléans)*, décorée sur fond blanc de torsades de fleurs en couleur et dorure. (Marque *L. P.* surmontée d'une couronne fermée, en bleu.)

517. — Sucrier a poudre couvert, de forme ovale, à bord contourné, en ancienne porcelaine dure de *Paris-Clignancourt,* décoré en dorure de guirlandes de fleurs et feuilles.

518. — Petit Plateau, à bord festonné, en ancienne porcelaine dure de Paris-*Locré,* décoré en couleur sur fond blanc; au centre, bouquets de roses et bleuets; au marli, guirlandes de fleurs et bordures dorées.

519. — Deux Assiettes en ancienne porcelaine dure de Paris-*Locré,* décorées, au centre, d'un bouquet de fleurs en couleur avec fleurettes en dorure; marli à entrelacs de rosaces et filets d'or; à la chute, guirlandes de fleurs, en couleur et dorure.

520. — Tasse, forme vase, à anse cariatide, avec son présentoir, en ancienne porcelaine de Paris-*Locré.* Décor à médaillons : Amour dans un paysage et attributs; bordure dorée à feuillage. Intérieur doré.

521. — Sucrier a poudre couvert, avec plateau adhérent, en ancienne porcelaine dure de Paris-*Locré,* décoré de guirlandes de fleurs, retenues par des nœuds de ruban.

522. — Aiguière couverte, en ancienne porcelaine dure de Paris-*Locré;* décor à bouquets de fleurs en couleur et entrelacs en dorure. Monture du couvercle en métal doré.

523. — Solitaire composé d'une tasse et soucoupe, théière, cafetière, sucrier et pot à crème sur plateau triangulaire de forme lobée, en ancienne porcelaine dure de Paris-*Locré,* orné d'une bordure à dentelle en dorure.

524. — Vase-Jardinière sur base mobile, en ancienne porcelaine de Paris-*Locré;* décor à paysage animé de personnages en camaïeu brun, bordures à feuillage et branches de vigne en dorure.

Haut., 24 cent.

525. — J ARDINIÈRE porte-bouquets, de forme contournée, à quatre pieds, en ancienne porcelaine de Paris-*Locré;* décor, en couleur, de bouquets de fleurs et filets en dorure.

526. — DEUX ASSIETTES en ancienne porcelaine de Paris-*Locré;* décorées au centre de sujets allégoriques à deux personnages sur fond de paysage. Marli à compartiments et ornements en dorure.

527. — AIGUIÈRE couverte à piédouche, avec anse et déversoir en ancienne porcelaine dure de Paris. Décor en couleur; fleurs, arabesques, filets en dorure et perles à la base. Monture en cuivre gravé et doré. Sous le piédouche, on lit : *Manufacture du petit Carousel à Paris,* en rouge.

528. — PETITE TASSE cylindrique avec sa soucoupe, en ancienne porcelaine dure de Paris, *à la Reine,* décorée, en couleur, de bordures à festons de fleurs; bande centrale en dorure avec œil-de-perdrix rouge et médaillon à fleurs.

529. — TROIS PETITES TASSES cylindriques et soucoupes, en ancienne porcelaine dure de Paris, *à la Reine,* décorées, en couleur, de guirlandes de fleurs retenues par un ruban noué; sur la tasse, deux médaillons ovales, oiseaux et attributs en dorure.

530. — GRANDE TASSE, dite *trembleuse,* de forme obconique, à anse, avec couvercle et présentoir, en ancienne porcelaine dure de Paris. *à la Reine;* décor analogue à celui des tasses précédentes.

531. — CORBEILLE, de forme ovale, à anses, en ancienne porcelaine de Paris, *à la Reine;* décor de myosotis.

532. — DEUX ASSIETTES à bord lobé, en ancienne porcelaine dure de Paris, *à la Reine,* décorées de bouquets de fleurs et petite bordure dorée.

533. — DEUX GLACIÈRES à deux anses, avec double fond et couvercle, en ancienne porcelaine de Paris, *à la Reine,* décorées, en couleur, de bouquets de fleurs.

534. — VASE, de forme Médicis, à deux mascarons et piédouche, en ancienne porcelaine dure de Paris, *à la Reine*, décoré, sur deux faces, d'un grand médaillon à bouquet de fleurs en couleur sur fond semé de pois et fleurettes en dorure.

Haut.. **22** cent.

ANCIENNES PORCELAINES DIVERSES

535. — Sous ce numéro : lot de pièces diverses en porcelaine ancienne ou moderne, de fabriques variées. (Sera divisé.)

536. — LOT DE FLEURS ET FLEURETTES en porcelaine de Sèvres et Saxe : décor au naturel.

537. — DEUX BOUQUETS, garnitures de vases, en tôle peinte en vert, figurant des feuillages ornés de fleurs en ancienne porcelaine décorée.

538. — QUATRE PLATS OVALES, de deux grandeurs différentes, en ancienne porcelaine dure, décorés, au centre, d'oiseaux ; au marli, de fleurs et guirlandes en dorure.

539. — DEUX CACHE-POTS, en ancienne porcelaine dure, décor à paysages, ornés de jacinthes en biscuit. Époque Restauration.

540. — DEUX PETITES CAISSES à fleurs, de forme obconique, en ancienne porcelaine, décorées en couleur et ornées de deux bouquets de feuillages et fleurs au naturel.

541. — PETIT SERVICE A THÉ, composé de six tasses et soucoupes, théière, sucrier, pot à lait, à pâte gaufrée simulant la vannerie, en ancienne porcelaine dure de *Niederwiller*; décor à fleurettes bleues.

542. — PETIT POT à anse, en ancienne porcelaine de *Strasbourg*, de *Paul Hannong*; décor à bouquets de fleurs, en couleur.

543. — POT A CRÈME couvert, de forme arrondie, à anse et piédouche, en ancienne porcelaine de *Marseille*; décor à petits bouquets de fleurettes en couleur. Marqué d'un *R* en rouge.

544. — ASSIETTE à bord lobé, en ancienne porcelaine dure de *Vaux, près
Meulan* (?), décorée, dans le genre Sèvres, de petits bouquets
détachés et filets bleus. **Marque douteuse.**

545. — TASSE cylindrique à anse avec sa soucoupe, en ancienne porcelaine
de *Choisy-le-Roi*, décorée d'un quadrillage en dorure et pointillé bleu; bordure à feuillage vert et filets d'or. Marque à la
vignette de *Desjardins-Clément* (1780).

546. — PLATEAU, de forme contournée, en ancienne porcelaine dure de
Limoges, décoré en couleur; au centre, médaillon rond avec
bouquet de fleurs; marli à guirlandes de fleurs, feuillages et
dorure entrelacés; sur le bord, petit quadrillé de filets bleus.

547. — ASSIETTE creuse, en ancienne porcelaine dure de *Lille*, décorée,
sur fond blanc, de bouquets de fleurs en couleur. (Marque à la
vignette : dauphin couronné.)

548. — PAIRE DE VASES de forme conique, à gorge, à deux anses, masques
de lion, en ancienne porcelaine dure de *Lille*; décor à rinceaux
polychromes et or; médaillons avec attributs. (Marque : un dauphin couronné.)

Haut., **23** cent. 1/2.

Ces deux pièces sont mentionnées dans l'*Histoire des
manufactures françaises de porcelaine*, par MM. de Chavagnac et Grollier, page 588.

549. — QUATRE COMPOTIERS lobés, en ancienne porcelaine dure de *Boissette* (près Melun), décorés, sur fond blanc, de guirlandes de
fleurs et lauriers avec petits bouquets détachés.

550. — PAIRE DE CORBEILLES ovales à deux anses ajourées, simulant la vannerie, en ancienne porcelaine dure de *Boissette*, près Melun;
décor bleu et or; au centre, bouquets de fleurs.

551. — BROC à anse, en ancienne porcelaine d'*Orléans*; décor à bouquets
de fleurs en couleur et filets en dorure.

552. — SOUPIÈRE ronde couverte, à deux anses, en ancienne porcelaine d'*Orléans;* décor à semis de fleurettes avec médaillon et chiffre formé des lettres *C* et *S* entrelacées avec feston de fleurs. Le bouton du couvercle formé d'un chou et autres légumes.

553. — RAFRAICHISSOIR de forme ovale, à deux anses, en ancienne porcelaine d'*Orléans,* décoré, sur chacune des faces, d'un médaillon avec chiffre *B* en roses et feuillages; guirlandes de roses et laurier.

554. — PLATEAU ou corbeille ajourée simulant la vannerie, ancienne porcelaine d'*Allemagne,* à décor de petites fleurettes avec bouquet central sur fond blanc.

555. — DEUX PETITS VASES couverts, en ancienne porcelaine d'*Amstel;* décor à grillages, oiseaux et insectes sur fond blanc. Socles en bois doré.

Haut., 20 cent.

556. — DEUX TRÈS PETITES CAFETIÈRE ET THÉIÈRE à anse carrée, en ancienne porcelaine de *Berlin;* décor à petits bouquets de roses.

557. — CHIEN GRIFFON assis, en ancienne porcelaine de *Frankenthal;* décor au naturel.

Haut., 15 cent.

558. — QUATRE TRÈS PETITS CACHE-POTS à anses coquilles, de forme contournée, en ancienne porcelaine de *Höchst.* décorés de petits bouquets de fleurs, en couleur.

559. — DEUX PLATS ovales, à marli ajouré, simulant la vannerie, en ancienne porcelaine de *Vienne,* décorés, en couleur, au fond, d'un bouquet de fleurs et de petites fleurettes.

Long., 35 cent.

560. — QUATRE ASSIETTES, à marli ajouré, en ancienne porcelaine de *Vienne,* décorées en couleur. Au centre, chiffre composé de lettres entrelacées en dorure; guirlandes de fleurs en or et couleur.

9

561. — Petite Corbeille ajourée à anses, en ancienne porcelaine de *Worcester ;* décor bleu sur blanc.

562. — Paire de Cache-Pots à deux anses, et bord dentelé, en ancienne porcelaine de *Worcester,* à décor bleu sur blanc.

563. — Paire de Petits Vases simulés, forme Médicis, avec couvercles adhérents, en ancienne porcelaine de *Zurich,* modelée en relief ; décor en couleur à rocailles et hachures en bleu et rouge.

ANCIENNES PORCELAINES DE SAXE

564. — DEUX TRÈS PETITES CORBEILLES ajourées sur piédouche, en porcelaine de Saxe.

565. — SIX PETITES CORBEILLES rondes ajourées, sur piédouche, en porcelaine de Saxe ; décor à myosotis.

566. — SIX PETITS CYGNES en porcelaine de Saxe ; décor au naturel.

567. — NEUF TRÈS PETITS CYGNES, en porcelaine de Saxe ; décor au naturel.

568. — DEUX CYGNES en porcelaine de Saxe, décor au naturel.

Haut., 7 cent. 1/2.

569. — MOUTON couché, en ancienne porcelaine de Saxe ; décor au naturel.

570. — PETITE CIGOGNE debout, en ancienne porcelaine de Saxe ; décor au naturel.

571. — DEUX TRÈS PETITS CANARDS, en ancienne porcelaine de Saxe ; décor au naturel.

572. — COUVERCLE de boîte ronde, en ancienne porcelaine de Saxe, offrant, d'un côté, un paysage animé de figures, et, de l'autre, un petit médaillon central en grisaille entouré de fleurs sur fond gaufré simulant la vannerie. Cadre en bois sculpté doré.

573. — COMPOTIER forme feuille, en ancienne porcelaine de Saxe, décor en couleur : fleurs et insectes.

574. — **Deux Corbeilles** ajourées, en ancienne porcelaine de Saxe, ornées de myosotis en bleu et en relief.

575. — **Corbeille** ajourée à anses, en ancienne porcelaine de Saxe, en blanc et or. Époque Louis XV.

576. — **Grande Corbeille** oblongue ajourée, à deux anses et pieds formés de branchages, en ancienne porcelaine de Saxe, *au point*, décorée, en couleur, de médaillons à bouquets de fleurs et de fleurettes en relief.

577. — **Petit Bougeoir** en bronze ciselé et doré orné de fleurettes en porcelaine de Saxe. Époque Louis XV.

578. — **Statuette** de Femme de la *Comédie italienne*, vêtement vert et chapeau noir, en ancienne porcelaine de Saxe.

579. — **Statuette** : *Femme* tenant dans sa main gauche un chapeau noir, en ancienne porcelaine de Saxe.

580. — **Statuette** : *Marchande de fleurs* en robe rose, ancienne porcelaine de Saxe ; décor en couleur.

581. — **Statuette** en ancienne porcelaine de Saxe : *Jeune Homme jouant du basson*.

582. — **Statuette** en ancienne porcelaine de Saxe : *Jeune Homme jouant du violon*.

583. — **Deux Statuettes**, *Joueur de cornemuse* et *Joueuse de vielle*, en ancienne porcelaine de Saxe. Socles en bronze moderne.

583 *bis*. — **Statuette** de *Jeune Berger debout, jouant de la flûte*, un chien à son côté, en ancienne porcelaine de Saxe ; décor en couleur.

584. — **Statuette** en ancienne porcelaine de Saxe : *Jeune Femme tenant un masque et Oiseau*.

585. — **Statuette** en ancienne porcelaine de Saxe : *Arlequine* en robe jaune à fleurs.

586. — Deux petites Statuettes, en ancienne porcelaine de Saxe. *Amours* assis tenant un blason.

587. — Deux Salières, en ancienne porcelaine de Saxe, figurines de garçon et *fillette*, assis; décor en couleur.

588. — Paire de Vases couverts, en ancienne porcelaine de Saxe, au point, à anses et guirlandes dorées, et décorés de médaillons avec têtes antiques sur fond rouge.

589. — Brule-Parfum, en ancienne laque, monté en bronze doré avec fleurettes en ancienne porcelaine de Saxe. Époque Louis XV.

590. — Deux Pigeons, en ancienne porcelaine de Saxe; décor au naturel.

590 bis — Deux Panthères assises sur terrasses ornées de fleurs en relief, en ancienne porcelaine de Saxe; décor au naturel.

591. — Groupe à quatre figures : *la Cueillette des cerises*, en ancienne porcelaine de Saxe; décor en couleur.

592. — Groupe composé de deux statuettes, en ancienne porcelaine de Saxe : *Arlequin jouant de la cornemuse* et *Jeune Paysanne dansant*. Terrasse à rocailles en bronze ciselé et doré, d'où s'échappe un branchage en tôle peinte en vert orné de fleurs en ancienne porcelaine. Époque Louis XV.

593. — Deux Groupes, grand modèle, de la suite des *Quatre Parties du Monde*, en ancienne porcelaine de Saxe, au point. Ils symbolisent l'Afrique et l'Amérique.

Haut., 27 cent.

594. — Deux grandes Statuettes faisant partie de la suite des *Sens*, figurant la *Vue* et le *Toucher*, en ancienne porcelaine de Saxe, décorées en couleur. Socles moulurés en cuivre doré sur quatre pieds-boules.

Haut., 27 cent.

595. — PAIRE DE POTICHES couvertes, en ancienne porcelaine de Saxe, à
pâte gaufrée simulant la vannerie, décorées en relief de fleurs
et feuillage en couleur. Elles sont montées en brûle-parfum
avec terrasses et collerettes ajourées, en bronze ciselé, en
partie de l'époque Louis XV. Les oiseaux surmontant les couvercles sont modernes et rapportés.

Haut., 36 cent.

596. — BRULE-PARFUM, en ancienne laque de Chine, à fond noir rehaussé
d'or, porté par un branchage en métal, peint en vert, orné de
fleurs en ancienne porcelaine, reposant sur une terrasse à
rocailles et ornements variés en bronze finement ciselés et
dorés, portant l'estampille C couronné. Cette terrasse est ornée
d'un cheval se cabrant sur des nuages, en ancienne porcelaine
de Saxe; décoré au naturel. Époque Louis XV.

Haut., 50 cent.

ANCIENNES PORCELAINES DE CHINE
ET DE LA COMPAGNIE DES INDES

597. — SIX PETITES ASSIETTES à bord festonné, en ancienne porcelaine de la Compagnie des Indes, décorées en couleur. Au centre, enfant jouant de la flûte; au marli, compartiments ornés alternativement d'enfants et de fleurs.

598. — DEUX PETITES ASSIETTES, en ancienne porcelaine de la Compagnie des Indes, à décor de fleurs en couleur et dorure.

599. — DEUX COMPOTIERS creux, en ancienne porcelaine de la Compagnie des Indes, décorés de fleurs.

600. — DEUX PETITS SUCRIERS, en ancienne porcelaine de la Compagnie des Indes; fleurs en couleur.

601. — DEUX PETITS FLACONS, en porcelaine de Chine.

602. — DEUX PRÉSENTOIRS à bord lobé, en ancienne porcelaine de Chine, décorés au centre d'un bouton en relief et de trois compartiments ornés de fleurs. Bordure à feuillage vert et bleu sur fond rose. Époque *Kien-Lung*.

603. — PAIRE DE PETITS VASES-APPLIQUES, porte-bouquets, en ancienne porcelaine de Chine, décorés, en couleurs, de personnages, rochers et arbustes.

604. — CORBEILLE ronde, évasée et ajourée, avec son présentoir, en ancienne porcelaine de Chine, à décor bleu sur blanc.

605. — DEUX PLATS RONDS en ancienne porcelaine de Chine, décorés en émaux de couleurs. Au centre, trois personnages et pagodes; marli avec branches de fleurs et pivoines; bordure quadrillée et petits médaillons. Époque *Kien-Lung.*

Diam., 39 cent.

606. — DEUX PETITES VASQUES, en porcelaine de Chine, variées de décor et de dimension.

Diam., 40 et 42 cent. — Haut., 35 et 37 cent.

607. — PAIRE DE PETITES POTICHES COUVERTES, en ancienne porcelaine de Chine, décorées, en couleur, de branches fleuries. Époque *Ming.*

608. — PAIRE DE PETITES POTICHES COUVERTES, en ancienne porcelaine de Chine, décorées, en couleur, de fleurs, vases, oiseaux sur la panse, lambrequin à l'épaulement, et bordure à la base. Époque *Kien-Lung.*

609. — PAIRE DE POTICHES COUVERTES, en ancienne porcelaine de Chine, décorées, en couleur, de trois médaillons avec arbustes, fleurs et oiseaux séparés par des rinceaux de feuillages. Époque *Kien-Lung.* Socles en bois doré.

610. — PAIRE DE GOURDES, en ancienne porcelaine de Chine, à fond vert céladon chargé de lambrequins et médaillons en rouge de fer. Elles sont montées en bronze doré pour former candélabres à trois lumières.

611. — DEUX PETITS PLATS ronds en ancienne porcelaine de Chine, décorés en émaux de couleur. Au centre, arbustes fleuris et oiseaux; au marli, à fond vert piqué chargé de fleurs, quatre médaillons réservés avec fleurs. Époque *Kang-hi.*

612. — DEUX PLATS rectangulaires à angles coupés, en ancienne porcelaine de Chine, décorés en émaux de couleur. Au centre, paysage et pagodes; au marli, à fond vert piqué chargé de fleurs, quatre médaillons réservés avec oiseaux. Époque *Kang-hi.*

613. — **Fontaine-Applique** couverte, et son bassin ovale, en ancienne porcelaine de Chine, d'époque *Kang-hi*, décorée en émaux de couleur : oiseaux sur branches fleuries, bordures à quadrillés et rosaces sur fond jaune, médaillons.

Haut. de la fontaine, 42 cent. — Grand diam. du bassin, 42 cent.

614. — **Lampe** faite d'une potiche, en ancienne porcelaine de Chine, décorée de fleurs et oiseaux.

615. — **Paire de Vases** couverts, forme balustre à pans coupés, en ancienne porcelaine de Chine ; décor à paysages et pagodes.

616. — **Petite Jardinière** ronde, en ancienne porcelaine de Chine : décor à fleurs et oiseaux.

Haut., 17 cent. — Diam., 20 cent.

617. — **Paire de petits Pitongs**, en ancien céladon de Chine, émaillé vert, figurant des troncs d'arbre, avec oiseau en léger relief.

618. — **Paire de petites Chimères** se faisant pendant, sur socle adhérent ajouré, en ancienne porcelaine de Chine, émaillée en couleur sur biscuit.

Haut., 14 cent. 1/2.

619. — **Paire de Groupes** de deux personnages chinois sur un rocher, en ancienne porcelaine de Chine, émaillée en couleur sur biscuit. Époque *Kang-hi*.

Haut., 13 cent. 1/2.

620. — **Deux Oiseaux de proie** perchés sur un rocher, se faisant pendant, en ancienne porcelaine de Chine, décorés en couleur, au naturel.

Haut., 26 cent.

621. — **Grande Statuette de Bouddha** debout sur socle rectangulaire, en ancienne porcelaine de Chine ; vêtu d'un riche costume jaune, rose et bleu, chargé d'arabesques, de fleurs et de grecques. Sur le socle, carrelage à grecque aux trois couleurs. (Les mains du Bouddha sont mobiles.)

Haut., 67 cent.

422. — Paire de Potiches, forme balustre, en ancienne porcelaine de Chine, décorées, sur fond blanc, de branchages fleuris, pivoines, rochers, etc., en émaux de couleur et dorure. Époque *Kien-Lung*. Bases en bronze de style chinois.

Haut., 50 cent.

423. — Potiche couverte, en ancienne porcelaine de Chine, décorée, en couleur, de branches fleuries. Époque *Kang-hi*.

Haut., 48 cent.

424. — Paire de Vases-Cornets, en ancienne porcelaine de Chine, décorés, en émaux de couleur, d'oiseaux, rochers, arbustes et fleurs; à l'épaulement, petite bordure à carrelage et médaillons. Époque *Kang-hi*. Dans chacun d'eux est un bouquet de fleurs de lis en bronze doré.

Haut., 55 cent.

425. — Paire de Candélabres à trois lumières, formés chacun d'une potiche, en ancienne porcelaine de Chine, décorée en émaux de couleur, de l'époque *Kang-hi;* monture en bronze gravé, ciselé et doré. Époque Louis XIV.

Haut., 37 cent.

ANCIENNES PORCELAINES DU JAPON

626. — QUATRE PLATS ronds de deux grandeurs variées, en ancienne porcelaine du Japon, décorés, en bleu, rouge et or, d'une rosace centrale entourée de branches fleuries.

627. — SIX PLATS RONDS dont deux creux, en ancienne porcelaine du Japon; décor en bleu, rouge et or : oiseaux, feuillages et fleurs.

628. — PAIRE DE CORNETS, en ancienne porcelaine du Japon, à pans coupés; décor à vases et fleurs.

629. — PETITE VASQUE, en ancienne porcelaine du Japon; décor en rouge, bleu et or : lambrequin, volatiles et fleurs.

Diam . 28 cent. — Haut . 22 cent

630. — PAIRE DE PETITES POTICHES COUVERTES, en ancienne porcelaine du Japon, décor en bleu, rouge et or, avec fleurs en relief.

631. — FONTAINE à anse et couvercle, en ancienne porcelaine du Japon; décor d'oiseaux et branches fleuries, en bleu, rouge et or, sur fond blanc.

632. — CACHE-POT en ancienne porcelaine du Japon, décorée en couleur. Monture en bronze de style Régence : deux anses, base et collerette.

633. — POTICHE couverte, en ancienne porcelaine du Japon; décor en bleu, rouge et or : médaillons avec fleurs et lambrequin. Socle en bois de fer.

Haut . 55 cent.

634. — AUTRE POTICHE couverte, en ancienne porcelaine du Japon ; décor
à médaillon orné de personnages, fleurs et pagodes, sur fond
bleu. Socle en bronze.

Haut. totale, 60 cent.

635. — PAIRE DE CORNETS, en ancienne porcelaine du Japon, décorés, en
bleu, rouge et or, de deux médaillons à personnages avec fleurs.
Socles en bronze doré.

636. — PAIRE DE VASES-CORNETS à base renflée, en ancienne porcelaine du
Japon, décorés en couleur : lambrequin et feuillage. Socles en
bronze.

Haut., 37 cent.

637. — PAIRE DE FLACONS carrés, en ancienne porcelaine du Japon ; décor
en émaux de couleur : vases et fleurs. Bouchons modernes en
bronze doré.

638. — GRANDE STATUETTE de femme japonaise, en ancienne porcelaine
du Japon, vêtue d'une robe ornée de fleurs et de feuillages
sur fond rouge, et branches fleuries sur fond blanc.

Haut., 60 cent.

639. — COUPE circulaire de forme évasée, avec son couvercle, en ancienne
porcelaine du Japon, décorée en couleur. Monture ancienne, en
argent, à godrons, et bouton à fruit au couvercle, du temps de
Louis XIV.

Haut., 24 cent. — Diam., 24 cent.

ANCIENNES FAÏENCES FRANÇAISES
ET ÉTRANGÈRES

640. — QUATRE SAUCIÈRES, en forme de bottes d'asperges, en ancienne faïence du Midi ; décor au naturel.

641. — DEUX LÉGUMIERS formés chacun d'un melon sur plateau adhérent, en ancienne faïence du Midi ; sur le couvercle, anse formée d'un branchage avec feuilles ; décor au naturel.

642. — BASSIN de forme contournée, en ancienne faïence de Moustiers, à mascarons, têtes de lions et décor de fleurs en couleur. Une fontaine en bois sculpté et un socle cul-de-lampe accompagnent cette pièce.

643. — DEUX AIGUIÈRES à anse torse, en ancienne faïence de Nevers, à décor chinois, de personnages en bleu sur blanc.

Haut., 35 cent

644. — BANNETTE à deux anses, rectangulaire, à angles coupés, en ancienne faïence de Rouen, à décor bleu sur blanc ; cornes d'abondance au centre de motifs d'arabesques, marli à lambrequin.

645. — DEUX CORBEILLES à anses avec plateaux ajourés, en ancienne faïence de Strasbourg ; décor en rouge.

646. — VASE PORTE-BOUQUET, en ancienne faïence de Savone, à décor bleu de personnages guerriers et amours dans des paysages.

Haut., 50 cent

647. — VASE, forme balustre, à deux anses et piédouche, en ancienne faïence de Delft (?), décoré, en bleu et rouge, dans le style chinois, de rinceaux, feuillage, paysage, etc.

Haut., 32 cent.

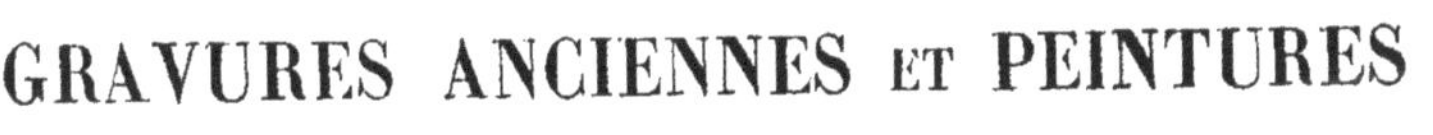
GRAVURES ANCIENNES ET PEINTURES

GRAVURES ANCIENNES

648. — ANONYME. Portrait de *Louis-Charles, prince royal*. Petit médaillon
rond.

[649.] — ANONYME. Deux portraits de *Princesses de la famille de Bourbon*.
Médaillons ovales. *150—*

650. — ANONYME. Portrait d'un *Prince de la maison de Bourbon*. Épreuve
avant la lettre.

651. — ANONYME. Portrait de *Mlle Dugazon*. Petit médaillon ovale, en couleur.

652. — ARRIVET. *Cadre ornementé*, aux armes de France. Épreuve avant la
lettre.

653. — BAUDOUIN (d'après P.-A.). *Le Léger Vêtement*, par Chevillet.

654. — BAUDOUIN (d'après P.-A.). *Marton*, par N. Ponce.

655. — BEAUBRUN (d'après). Portrait de *Marie-Thérèse, infante d'Espagne,
reine de France et de Navarre*, par N. de Poilly.

656. — BONNET (Louis). — *Le Déjeuner*. — *Le Goûter*. Gravures en couleur,
d'après *J.-B. Huet* et *Baudouin*. Épreuves avec marge encadrées.

657. — BOUCHER (d'après F.). *La Bergère aux cœurs*. Sanguine, par
Demarteau.

658. — BOUCHER (d'après F.). *Le Dénicheur*. Sanguine, par Demarteau.

659. — BOUCHER (d'après Fr.). *Groupe d'enfants.* Gravure à la sanguine, par Demarteau. Cadre ancien ovale en bois sculpté doré, à feuilles et ruban. *250–*

+ 660. — BOUCHER (d'après Fr.). *Feuille de paravent. — Triomphe de Pomone.* Deux estampes en noir faisant pendants, encadrées. *200*

661. — BOUCHER (d'après). Rocaille, gravée par Duflos. Encadrée.

662. — CANOT (d'après). *Le Maître de danse,* par Le Bas.

663. — CHOFFARD (P.-P.). *Adresse de Lattré.*

664. — CHOFFARD (P.-P.). *Cul-de-lampe,* formé d'un trophée d'instruments de musique. Estampe avant la lettre. Encadrée.

665. — CHOFFARD. Portrait d'*Espérance-Félicite Sablon de Guillonville,* en médaillon, dans un cul-de-lampe orné.

666. — COCHIN (d'après C.-N.). *Au roi. — A la reine.* Deux pendants, par de Longueil.

667. — DAULLÉ (J.). Portrait de *Mgr le dauphin de France,* d'après S. Belle.

668. — DAVID (d'après L.). *Serment du Jeu de Paume,* par Jazet. Épreuve avant la lettre, avec cachet.

669. — DESFOSSÉS (d'après M.). *La reine Marie-Antoinette annonçant à Mme de Bellegarde des juges et la liberté de son mari,* par J. Duclos. Épreuve avant la lettre.

670. — DREVET (P.). Portrait de *Louis-Henri de Bourbon, prince de Condé,* d'après Gobert.

671. — DROUAIS (d'après H.). Portrait de *Marie-Joséphine-Louise de Savoye, comtesse de Provence,* gravé en manière noire par Brookshaw.

672. — DUPIN. Portrait de *Louise-Marie-Thérèse-Bathilde d'Orléans duchesse de Bourbon.*

673. — Duplessis-Bertaux. *Vignette* à l'état d'eau-forte.

674. — Durer (A.). *Poignard*. Eau-forte. Cadre en bois noir.

* 675. — Eisen (d'après Ch.). *Les Quatre Heures du jour*. Suite de quatre petites gravures, par de Longueil.

676. — Eisen (d'après Ch.). *Les Quatre Saisons*. Suite de quatre petites estampes, par de Longueil, dans le même cadre en bois sculpté ancien.

677. — Eisen (d'après Ch.). *Vignette* in.-8°, par Binet.

678. — Fiquet. Portraits de *Molière* et de *Regnard*, d'après Coypel et Rigaud.

679. — Gérard (d'après F.). Portrait de la *Reine Amélie*, par A. Caron. 1829.

680. — Germain. *Vue perspective du nouveau pont, à Pont-Sainte-Maxence*. — *Quatrième vue des travaux du pont de Neuilly*. Deux pendants.

681. — Gillot (d'après). *Bacchus*. — *Diane*. — *Neptune*. — *Thétis*. Suite de quatre arabesques, par Cochin.

682. — Guillot (d'après). *Diane* et *Flore*. Deux arabesques faisant pendants, par Cochin.

683. — Greuze (d'après J.-B.). *L'Accordée de village*, par Flipart.

684. — Greuze (d'après J.-B.). *L'Ermite*, par Marais.

685. — Janinet (F.). Portrait de *Mme Favart*, dans le rôle de Roxelane; en couleur.

686. — Janinet (F.). Vues intérieures du *Val-de-Grâce* et de *Saint-Philippe-du-Roule*, d'après Durand.

687. — Jeaurat (d'après). *Les Citrons de Javotte*, par C. Levasseur.

688. — JOLLAIN (chez). *Almanach pour l'année 1717.* Grande estampe in-folio en noir.

689. — KAUFFMANN (d'après Ang.). *Sujets mythologiques.* Deux pendants, de forme ronde, à la sanguine.

690. — LANCRET (d'après N.). *Le Jeu de cache-cache mitoulas,* par de Larmessin.

691. — LARMESSIN (DE). Portrait de *Louis, dauphin de France, et de Marie-Josèphe de Saxe, dauphine de France,* d'après Tocqué, La Tour et Vanloo.

692. — LAWRENCE (d'après N.). *Le Mercure de France,* par Gutemberg.

693. — LE BEAU. Portrait de *Marie-Thérèse, comtesse d'Artois.*

694. — LE BEAU. Portrait de *Louis-Stanislas, comte de Provence, et de Marie-Josèphe de Savoye.*

695. — LE BRUN (d'après C.). Portrait de *Colbert,* par Edelinck.

696. — LE BRUN (d'après C.). Portrait du *Chancelier Séguier,* par R. Nanteuil.

697. — LE BRUN (d'après Mme VIGÉE-). Portraits de *Mgr le Dauphin* et *Madame, fille du roi,* par Blot.

698. — LÉVÊQUE. Portrait de *Mme de Grafigny.*

699. — MAILLIER (d'après). Portraits, sur la même estampe, de *Jean Benjamin de La Borde; — Baron de La Tour.*
Gravure en noir par Née. Encadrée.

700. — MARIN (L). *The charms of the morning.* Médaillon ovale en couleur.

701. — MASSARD. Portraits de *Louis-Stanislas, comte de Provence, et de Marie-Josèphe-Louise de Savoye.*

702. — MASSARD. Portrait de *Louis-Auguste, dauphin de France*. Deux très
petits portraits, l'un avec l'adresse.

703. — MIGNARD (d'après P.). Portrait d'*Anne d'Autriche*, par A. Masson.

704. — MONSALDY. Portrait de *Henri de Bourbon-Condé, duc d'Enghien*.
Épreuve en médaillon ovale en couleur.

705. — MOREAU LE JEUNE (J.-M.). Invitations pour le *Bal paré*. Deux
compositions variées.

706. — MOREAU LE JEUNE (par et d'après J.-M.). Vignette pour les *Chan-
sons de La Borde*. Épreuve avant la lettre.

707. — MOREAU LE JEUNE (d'après). *Exemple d'humanité* donné par
Mme la Dauphine; gravé par Godefroy. Cadre ancien en bois
sculpté doré.

708. — MOREAU LE JEUNE (d'après J.-M.). *Le Rendez-Vous pour Marly*. —
La Partie de Whist. — *N'ayez pas peur, ma bonne amie*. — *Les
Précautions*. — Quatre estampes en noir, gravées par Helman.
Martini et autres, faisant partie du *Monument du Costume*. Enca-
drées.

709. — NANTEUIL (R.). Portrait de *J.-B. Colbert*.

710. — NANTEUIL (par et d'après R.). Portrait de *Henri de La Tour
d'Auvergne, vicomte de Turenne*.

711. — NANTEUIL (par et d'après R.). *Portrait de Louis XIV*, roi de France
et de Navarre.

712. — NATTIER (d'après J.-M.). Portraits des princesses, filles de
Louis XV; allégorie des *Éléments*, par Tardieu.

713. — NATTIER (d'après J.-M.). Portrait de *Marie, princesse de Pologne,
reine de France et de Navarre*, par J. Tardieu.

714. — NATTIER (d'après J.-M.). Portrait de la reine *Marie Leckzinska*,
gravure par Gaucher. Cadre ancien Louis XIV, en bois doré.

715. — ARMOIRIES de la reine Marie Leckzinska, gravure. Cadre ancien Louis XIV, en bois doré.

716. — NÉVIANCE (Victoire). Frontispice pour l'almanach *Étrennes des Saisons*, et portrait de la *Dauphine*.

717. — PAYSAGES. Deux petites eaux-fortes faisant pendants. Encadrées.

718. — PERNET (d'après). *Ruines romaines*. Deux estampes ovales, gravées par *Janinet*, imprimées en couleur et faisant pendants. Encadrées.

719. — PORPORATI. *Adam et Ève pleurant la mort d'Abel*. Épreuve avant la lettre. Cadre Louis XVI, en bois sculpté doré.

720. — PRUDHON (d'après P.-P.) *Choisir l'objet*. — *L'enflammer*. Deux pendants avant la lettre, par Beisson.

721. — REYNOLDS (d'après sir J.) *Barbara, Countess of Coventry*. Gravée en manière noire par T. Watson. Cadre en bois sculpté.

722. — RIGAUD (d'après H.). Portrait d'*Anne-Marie-Louise d'Orléans*, par Vermeulen.

723. — RIGAUD (d'après H.). Portraits de *Boileau* et *La Fontaine*, par Savart et Fiquet.

724. — RIGAUD (d'après H.). Portrait de *J.-B. Bossuet*, par P. Drevet.

725. — RIGAUD (d'après H.). Portrait de *Claude de Saint-Simon, évêque de Metz*, par J. Daullé.

726. — RIGAUD (d'après H.). Portrait d'*Élisabeth-Charlotte, palatine du Rhin, duchesse d'Orléans*, par Simonneau.

727. — RIGAUD (d'après H.). Portrait de *Louis le Grand*, par P. Drevet.

728. — ROSLIN (d'après). *Portrait d'Edme Jeaurat*, gravé par Lempereur. Cadre en bois sculpté.

729. — SERGENT. Portrait de *Marie-Thérèse-Charlotte de France, fille de Louis XVI;* en couleur, d'après Mechel.

730. — SERGENT (d'après). *Vues de Paris.* Six estampes rondes, gravées par Le Campion et autres; imprimées en couleur. Encadrées.

731. — TOUZÉ (d'après). *Louis XVI et Marie-Antoinette* en grand costume, par Duflos. Épreuves coloriées.

732. — VAN GORP (d'après). *La Mère de famille,* petite gravure ovale, en couleur, sur satin.

733. — VANLOO (d'après C.). Portrait de *Charles-Philippe, comte d'Artois,* par Hubert.

734. — WATTEAU (d'après A.). *Pour nous prouver que cette belle* et *Arlequin, Pierrot et Scapin.* Deux pendants, par Scotin.

735. — WATTEAU (d'après A.). *Retour de guinguette,* par P. Chedel.

TABLEAUX ET DESSINS ANCIENS

736. — ÉCOLE FRANÇAISE DU DIX-SEPTIÈME SIÈCLE. *Panneaux de carrosses.* Deux peintures au vernis : chiffres couronnés.

737. — ÉCOLE FRANÇAISE DU DIX-SEPTIÈME SIÈCLE. *Portrait de femme,* sous les traits de *Flore,* servie par des Amours, dans un paysage. Toile.

Haut., 51 cent. — Larg., 58 cent.

738. — ÉCOLE FRANÇAISE DU DIX-HUITIÈME SIÈCLE. Costumes. Deux petits dessins, plume et aquarelle. Cadres ovales anciens en bois sculpté doré à palmes et laurier.

739. — ÉCOLE FRANÇAISE DU DIX-HUITIÈME SIÈCLE. *Femme et Amour.* — *Femme et Fruits.* Deux pastels ovales faisant pendants.

Haut., 42 cent. — Larg., 34 cent.

740. — ÉCOLE FRANÇAISE DU DIX-HUITIÈME SIÈCLE. *Amours sur des nuages.* Deux peintures de forme ovale, vernis Martin. Encadrés.

741. — ÉCOLE FRANÇAISE DU DIX-HUITIÈME SIÈCLE. *L'Automne.* Composition allégorique à deux Amours avec fruits, en forme de dessus de porte.

Long., 1^m,25. — Haut., 43 cent.

742. — ÉCOLE FRANÇAISE DU DIX-HUITIÈME SIÈCLE. *Natures mortes.* Deux petites gouaches rectangulaires faisant pendants.

743. — ÉCOLE FRANÇAISE DU DIX-HUITIÈME SIÈCLE. Portrait présumé de *Charlotte de Savoie.* Toile. Cadre ancien Louis XVI, en bois sculpté doré.

744. — ÉCOLE ITALIENNE DU DIX-SEPTIÈME SIÈCLE. *Vases de fleurs*. Deux pendants. Toile. Cadres en bois sculpté doré.

Haut., 46 cent — Larg., 38 cent.

745. — BLIN DE FONTENAY. *Vases de fleurs sur une console*. Deux pendants. Toiles. Cadres en bois sculpté doré.

Haut., 63 cent. — Larg., 52 cent.

746. — GRAVELOT (H.). — *Fronton avec figures de saints évêques*. Dessin à la sépia.

747. — LACROIX (DE). *Marine*, animée de personnages. Toile. Signée et datée 1767. Cadre ancien en bois sculpté.

Haut., 21 cent — Larg., 34 cent

748. — LALLEMAND. *Paysage animé de personnages*. Toile décorative en forme de dessus de porte.

Haut., 39 cent. — Long, 1m,20 cent.

749. — LERICHE. *Panneau décoratif*. Dans une niche cintrée est un vase sur piédestal en marbre ; le piédestal est orné d'un médaillon figurant des enfants jouant, en grisaille ; contre-socle décoré de guirlandes de feuillages et fruits. Toile.

Haut, 1m,85 cent. — Larg. 90 cent.

750. — LERICHE. *Cassolette et Roses*. Petite toile décorative pour trumeau.

Haut., 58 cent. — Larg. 64 cent.

751. — MOUCHERON. *Paysages animés de figures*. Deux pendants. Toile.

Haut, 62 cent — Larg. 45 cent.

752. — NANI (Giacomo). *Vases de fleurs, oiseaux*, etc. Trois peintures décoratives pour dessus de porte. Toiles.

Haut. 75 cent — Larg. 1m,03.

753. — SCHENEAU. *La Lanterne magique*. Composition de trois personnages. Toiles.

Haut., 55 cent — Larg. 45 cent

OBJETS DE VITRINE, MINIATURES

754. — ÉCOLE FRANÇAISE DU DIX-HUITIÈME SIÈCLE. *Paysage maritime* et petits personnages. Petite peinture de forme ronde.

Diam., 6 cent.

755. — ÉCOLE FRANÇAISE DU DIX-HUITIÈME SIÈCLE. *Jeux d'enfants.* Deux petites peintures sur métal, de forme ovale, faisant pendants. Cadres en bronze de style Louis XVI.

756. — ÉCOLE FRANÇAISE DU DIX-HUITIÈME SIÈCLE. *Paysage avec cours d'eau et petits personnages.* Petite gouache de forme ronde dans un cadre en argent orné d'un nœud de ruban.

Diam., 7 cent. 1/2.

757. — RIGAUD (d'après H.). — Portrait d'*Élisabeth-Charlotte, palatine du Rhin, duchesse d'Orléans.* Miniature de forme ronde. Dix-huitième siècle.

758. — BOUCHER (d'après Fr.). *Pastorale.* Fixé sous verre de forme ronde, dans un cadre en argent, à nœud de ruban.

Diam., 6 cent. 1/2.

759. — SAVIGNAC (LAOUX DE). — *Marine,* avec petits personnages. Petite gouache de forme ronde.

Diam., 6 cent.

760. — MOREAU l'aîné (Louis). *Paysages, habitations et petits personnages.* Deux petites gouaches de forme ronde, faisant pendants.

Diam., 7 cent. 1/2.

761. — MINIATURE, de forme rectangulaire, à angles coupés, peinte à la gouache : paysage avec berger et moutons. Signée *Chardon.* Dix-huitième siècle.

762. — MINIATURE, de forme rectangulaire, peinte à la gouache : vue d'un port, animée de petits personnages. Dix-huitième siècle.

763. — ÉTUI cylindrique, en cuivre doré. Époque Louis XVI.

764. — ÉTUI cylindrique, formant cachet à couronne de comte, en cuivre doré. Époque Louis XVI.

765. — BOITE A MOUCHES, de forme ovale, en cuivre doré. Époque Louis XVI.

766. — BOITE A MOUCHES, de forme ovale, en or. Époque Louis XVI.

767. — TABATIÈRE, de forme ovale, en onyx, monture en cuivre.

768. — BOITE RONDE, en or. Fin Louis XVI.

769. — TRÈS PETITE BOITE ronde, ouvrant à charnière en or. Époque Louis XVI.

770. — PETITE BOITE ronde, en or guilloché et étoiles. Époque Louis XVI.

771. — PETITE BOITE, de forme oblongue, à deux anses et quatre pieds, en filigrane d'argent doré.

772. — PETITE BOITE ronde, en or guilloché et perles. Époque Louis XVI.

773. — BOITE de forme oblongue, en or guilloché à perles. Époque Louis XVI.

774. — PAIRE DE PORTE-MONTRE, en bronze ciselé et doré, formés chacun d'un cadre ovale, orné de guirlandes et pendentifs de laurier retenus par un nœud de ruban ; au centre, petit médaillon, avec sujet allégorique en blanc sur fond bleu. Époque Louis XVI.

775. — ÉVENTAIL en guipure ancienne : monture en ivoire sculpté et ajouré. Époque Louis XV.

776. — NÉCESSAIRE, en chagrin vert, orné d'appliques en or ciselé à
rocailles. Époque Louis XV.

777. — ETUI-SOUVENIR d'amitié, en vernis Martin vert, orné, sur une de ses
faces, d'un médaillon : Vénus et Amour. Époque Louis XVI.

778. — COUTEAU, en nacre et garniture d'or à coquilles aux extrémités ;
il est muni de deux lames ; acier et argent doré. Époque
Louis XVI.

779. — COUTEAU à dessert, à manche de nacre ; monture et lame en or.
Époque Louis XVI.

MOBILIER

BOIS SCULPTÉS

780. — PAIRE DE CONSOLES-SUPPORTS, à feuillages et guirlandes de fleurs, bois et pâte dorés. Style Louis XVI.

781. — CONSOLE-SUPPORT, en bois sculpté doré. Époque Louis XVI.

782. — CONSOLE-SUPPORT, en bois sculpté doré. Style Louis XVI.

783. — DEUX CONSOLES-SUPPORTS, en bois sculpté peint en noir et en partie doré.

784. — SOCLE-SUPPORT, en bois sculpté, la tablette supportée par une figure du *Temps* peinte en imitation de bronze, et rehauts de dorure. Époque Louis XIV.

Haut., 38 cent.

785. — PAIRE DE CONSOLES-SUPPORTS, en bois sculpté doré, ornées de feuillages. Époque Louis XIV.

786. — PAIRE DE CONSOLES-SUPPORTS appliques, en bois sculpté doré, à fleurs, coquille et culot de feuillages. L'une est de l'époque Régence, l'autre moderne.

787. — PETITE CONSOLE-SUPPORT, à tablette ronde, en bois sculpté doré, à feuillage et fleurs. Style Louis XVI.

788. — PAIRE DE CONSOLES-SUPPORTS appliques, en bois sculpté doré, à feuille d'acanthe avec culot. Époque Louis XVI.

Haut., 44 cent.

789. — Paire de Consoles-Supports, en bois sculpté doré, formées chacune de deux enfants nus soutenant un mascaron avec fleurs et feuillage. Époque Louis XIV.

790. — Paire de Consoles-Supports, à motifs de guirlandes et feuillages dorés. Style Louis XVI. Maison *Fournier*.

791. — Deux Supports, formés par des négrillons en bois sculpté peint en couleur. Socles en chêne.

Haut., 1^m,13.

792. — Colonne-Support cannelée, à baguettes en bois sculpté peint simulant le marbre; base et chapiteau dorés. Style Louis XVI.

Haut., 1^m,20.

793. — Deux Gaines-Supports, en bois peint simulant des marbres de couleur.

794. — Paire de Corbeilles-Appliques, en bois sculpté, peint et doré, ornées de têtes de béliers. Époque Louis XVI.

795. — Deux Colonnes cannelées, à bases et chapiteaux, en bois sculpté doré. Dix-septième siècle.

Haut., 1^m,15.

796. — Deux Vases décoratifs, en bois sculpté doré. Dix-septième siècle.

797. — Deux Appliques, formées chacune d'un mascaron à tête de lion et chute de feuilles de chêne retenues par un nœud de ruban dans un anneau; bois sculpté doré. Époque Louis XIV.

798. — Porte-Montre, en bois sculpté doré. Époque Louis XV.

799. — Deux Médaillons ovales : *Henri IV* et *Minerve*, en buste de profil; bois sculpté peint du dix-huitième siècle. Cadres en bois sculpté doré à feuillage de laurier et fronton à nœud de ruban.

Haut., 63 cent.

800 — BAROMÈTRE-THERMOMÈTRE, à deux cadrans, de forme contournée, en bois sculpté et doré, à moulure ornée de fleurs. A la partie supérieure, nœud de ruban. A la base, coquille. Il est orné, sous verre, de papier peint à fleurs. Époque Louis XV.

Haut., 1 mètre environ.

801 — GLACE rectangulaire dans un cadre en bois sculpté peint en blanc, à feuille d'eau et laurier. Époque Louis XVI.

802. — DEUX GLACES dans des cadres en bois sculpté doré, à fronton de nœud de ruban, couronne de fleurs et chutes de laurier; culot à attributs et guirlandes. Époque Louis XVI.

Haut , 1m,35 — Larg , 50 cent.

BRONZES D'ART

803. — CLÉSINGER. *Taureau vainqueur*. Bronze à patine verte. Socle en marbre rouge.

804. — DEUX SPHINX couchés, en bronze doré.

805. — PAIRE DE CHEVAUX AILÉS, formant presse-papier, en bronze patiné, sur socles en marbre. Époque Empire.

806. — VASE, forme urne, en bronze patiné, orné en bas-relief d'un cartel avec chiffres D.L.S. entrelacés, entourés de branches de lis et d'immortelle et du cordon du Saint-Esprit; couronne faite de trois dauphins; à la base, l'inscription : *Vixit* MDCCLXXXIX. Époque Louis XVI.

Haut., 22 cent.

807. — STATUETTE d'enfant bacchant, joueur de cymbale, en bronze finement ciselé et doré. Époque Louis XVI. Socle carré en marbre de couleur.

Haut., 24 cent.

808. — DEUX STATUETTES, en bronze patiné, représentant *Vénus* et *Bacchus* debout, faisant pendants, sur socles en bronze doré, dix-huitième siècle.

Haut., 40 cent.

BRONZES D'AMEUBLEMENT

FLAMBEAUX, APPLIQUES, CANDÉLABRES, CHENETS, VASES, LUSTRES

809. — MONTRE de bureau en bronze doré, de forme octogone. Époque Empire.

810. — DEUX APPLIQUES pour meuble en bronze ciselé et doré : *Renommées*. Époque Empire.

811. — DEUX PETITS PORTE-MONTRE appliques en bronze ciselé et doré, formés chacun d'un cartouche enguirlandé de chêne et petit vase. Époque Louis XVI.

812. — ÉCRITOIRE à trois récipients, forme vase, et sonnette, sur plateau, de forme contournée, reposant sur huit pieds, en bronze ciselé et doré, richement ornementé. Style Louis XVI.

813. — DEUX PRESSE-PAPIER, formés chacun d'un lévrier couché, en bronze finement ciselé et doré sur terrasse. Époque Louis XVI.

814. — PETIT SURTOUT de table circulaire, avec coupe à pied, en bronze ciselé et doré Empire.

815. — PIÈCE DE MILIEU de surtout, porte-jardinière, en bronze ciselé et doré, formée d'une corbeille portée par trois enfants bacchants; socle cylindrique reposant sur base triangulaire ornée de trois Amours musiciens. Style Empire.

Haut. 55 cent.

816. — PAIRE DE VASES, forme Médicis, ornements de surtout de table, en bronze ciselé et doré. Style Restauration.

Haut. 23 cent.

817. — SURTOUT de table, en bronze ciselé et doré, en partie du temps de l'Empire et comprenant : *un grand plateau* en cinq parties, dont trois rectangulaires et les deux extrémités cintrées; *huit coupes* à pied de forme ronde; *deux coupes* à pied de forme ovale. Sous le plateau, on lit : *L. Ravrio, bronzier, à Paris.*

818. — DEUX PAIRES DE FLAMBEAUX, en bronze doré. Époque Restauration.

819. — PAIRE DE FLAMBEAUX, bronze patiné et doré. Époque Empire.

820. — PAIRE DE FLAMBEAUX, en bronze doré, tige octogone, pieds à griffes et base circulaire. Époque Empire.

821. — PAIRE DE FLAMBEAUX, formés chacun d'un aigle en bronze doré sur branche en bronze patiné. Époque Empire.

822. — PAIRE DE FLAMBEAUX-COLONNES, sur socles carrés en albâtre veiné; monture en bronze doré.

823. — PAIRE DE FLAMBEAUX, en bronze ciselé et doré, et marbre blanc; tige à feuillages, socle à perles et milleraie. Époque Louis XVI.

Haut., 21 cent.

824. — PAIRE DE PETITS FLAMBEAUX bas, en bronze ciselé et doré, à rocailles et feuillages. Style Louis XV.

825. — PAIRE DE FLAMBEAUX, formés chacun d'une statuette d'Amour en bronze patiné, portant une branche de roses. Socle en bronze doré. Contre-socle en bois doré.

Haut., 35 cent.

826. — BOUGEOIR en bronze ciselé et doré, le manche orné d'un cartouche. Époque Louis XV.

827. — PLATEAU A MOUCHETTES et son ustensile, en bronze ciselé et doré; bordure ornementée et godrons. Époque Louis XIV.

828. — PAIRE DE FLAMBEAUX, en bronze ciselé et doré, tige à gaine cannelée, base à rais-de-cœur. Époque Louis XVI.

Haut., 27 cent.

829. — PAIRE DE FLAMBEAUX-CASSOLETTES, en bronze patiné et bronze
doré, formés chacun d'un vase central couvert à deux anses
carrées et mascarons à têtes de lions reliés par des guirlandes
de laurier. Époque Louis XVI.

Haut., **22** cent

830. — PAIRE DE FLAMBEAUX-CASSOLETTES, en marbre blanc et bronze
ciselé et doré, à trépied et cariatides; têtes de femmes reliées
par des cordons de perle. Époque Louis XVI.

Haut., **22** cent 1/2

831. — PAIRE DE PETITS FLAMBEAUX, en marbre blanc, formés chacun d'un
vase sur socle ; monture en bronze ciselé et doré : bouquets de
fleurs, anses, cordons de perles et moulures ornées. Époque
Louis XVI.

Haut., **29** cent

832. — PAIRE DE FLAMBEAUX, formés chacun d'un vase en marbre blanc ;
monture en bronze ciselé et doré, anses à têtes d'aigles, chaînettes et branches de roses. Socles en marbre bleu turquin
ornés de perles. Époque Louis XVI.

833. — PAIRE DE FLAMBEAUX analogues aux précédents, avec branches de
tulipes et jacinthes.

834. — PAIRE DE FLAMBEAUX, formés chacun d'un vase en marbre blanc
sur colonne en bleu turquin, avec anses, mascarons et fleurs en
bronze doré. Époque Louis XVI.

835. — PAIRE DE FLAMBEAUX-CASSOLETTES, en marbre blanc et bronze
ciselé et doré, à trois pieds-gaines à têtes d'aigles reliés par des
chaînettes. Époque Louis XVI.

Haut., **27** cent 1/2.

836. — PAIRE DE FLAMBEAUX, formés chacun d'un vase-balustre en verre
bleu à facettes; monture en bronze ciselé et doré : collerette à
feuilles et perles, deux anses à feuillages et bouquet de roses
formant porte-lumière. Base à rai-de-cœur.

Haut., **35** cent

837. — DEUX APPLIQUES à glace, à sept lumières, formées chacune d'un
demi-lustre, en bronze orné de cristaux. Style dix-huitième
siècle.

838. — Paire de Bras-Appliques, à trois lumières, en bronze ciselé et doré; modèle à tête de bélier et vase. Style Louis XVI.

839. — Paire de Bras-Appliques, à trois lumières, en bronze ciselé et doré, d'un modèle presque semblable aux précédents. Style Louis XVI.

840. — Paire de petits Bras-Appliques, à une lumière; bronze à motifs rocaille Louis XV.

841. — Deux paires de Bras-Appliques, à deux lumières, en bronze ciselé et doré; enfant nu assis sur des branchages en arabesques avec branches mouvementées. En partie de l'époque Régence.

Haut., 41 cent.

842. — Paire de Bras-Appliques, à trois lumières, en bronze patiné et doré. Époque Restauration.

843. — Paire de petits Bras-Appliques, à deux lumières portées sur un triangle orné de rinceaux en bas-reliefs. Époque Empire.

844. — Paire de Bras-Appliques, à deux lumières, en bronze ciselé, doré, formées de feuillages enlacés supportant un vase enguirlandé. Époque Louis XVI.

Haut., 39 cent.

845. — Deux paires de Bras-Appliques, à deux lumières, en bronze ciselé et doré; modèle à corne d'abondance emplie de fruits, suspendue par un ruban noué; culot à feuillage. Époque Louis XVI.

Haut., 43 cent.

846. — Paire de petits Chenets en bronze; modèle à deux boules sur galerie à mascaron et perles. Style Louis XVI.

847. — Paire de petits Chenets, à deux boules sur galerie à cordons de perles, en bronze, de style Louis XVI.

848. — Devant de foyer, en bronze patiné et doré; lions et consoles reliés par une chaîne. Époque Restauration.

849. — Paire de Chenets, en bronze doré; modèle à vase enguirlandé sur socle à demi-colonne cannelée. Époque Louis XVI.

850. — **Paire de Chenets**, en bronze, formés d'une galerie ornée d'un vase enguirlandé et surmonté d'une flamme, et d'un *Amour* assis avec attribut, figurant l'un la *Paix*, l'autre la *Guerre*. En partie de l'époque Louis XVI.

Haut , 42 cent. — Larg , 35 cent.

851. — Paire de Chenets, en bronze ciselé et doré; modèle à vase enguirlandé sur socle; fût de colonne cannelée. Époque Louis XVI.

Haut , 37 cent.

852. — Paire de Girandoles de table, à trois lumières, bronze ciselé et doré. Époque Restauration.

853. — Paire de grands Candélabres à huit lumières, en bronze doré. Époque Restauration.

Haut . 62 cent.

854. — Garniture de cheminée composée d'une pendule : *Liseuse*, et deux candélabres à cinq lumières; colonnes à trépied en bronze ciselé et doré. Époque Restauration.

855. — Paire de Girandoles de table, à quatre lumières, à tige unie, forme torche à trois branches têtes de sphinx; base circulaire à compartiments d'arabesques. Style Empire.

Haut , 45 cent.

856. — Paire de grands Lampadaires, à dix lumières, forme lampe antique, à trépied à griffes, en bronze patiné et bronze doré. Époque de la Restauration.

Haut . 1ᵐ.70.

857. — Paire de Girandoles, à trois lumières, à trépied et vase ajouré; socle lobé triangulaire orné de trois guirlandes, en bronze ciselé et doré. Style Louis XVI.

858. — Paire de petits Candélabres, à trois lumières, formés chacun d'un vase en porcelaine blanche; monture en bronze ciselé et doré à deux anses; feuillages, chaînettes, collerette ajourée, piédouche avec socle carré. Bouquet porte-lumières fait de branches fleuries de roses. Contre-socle en marbre blanc.

859. — **Paire de petits Candélabres**, à deux lumières, en bronze ciselé et redoré, formés chacun d'un vase forme balustre, à trois guirlandes de fleurs et fruits, piédouche orné et col évasé à cannelures et perles, portant un bouquet de fleurs à trois branches. Socle carré en marbre blanc orné de perles reposant sur quatre petits pieds. Époque Louis XVI.

Haut., 50 cent.

860. — **Paire de grandes Girandoles**, à quatre lumières, en bronze ciselé et doré; tige en gaine avec chapiteau et base octogone décorés de perles, rais-de-cœur, canaux et autres motifs. Les branches porte-lumières sont faites de rinceaux à serpents enroulés reliés par des chainettes. Fin de l'époque Louis XVI.

Haut., 60 cent.

861. — **Paire de petits Candélabres**, à deux lumières, formés chacun d'un vase-balustre, en verre bleu taillé; monture en bronze ciselé et doré : collerette à canaux, deux anses à col de cygne et chainettes. Base en marbre avec moulures ornementées en bronze. Bouquets formés de branches de roses.

Haut., 43 cent.

862. — **Paire de grands Candélabres**, à trois lumières, en marbre blanc et bronze, formés chacun d'une statuette de femme à patine brune portant un flambeau à bouquet de rinceaux, couronne de roses, panache et chainettes en bronze ciselé et doré. Socle cylindrique en marbre blanc mouluré de bronze à perles, rais-de-cœur et milleraie. Base carrée. Époque Louis XVI.

Haut., 93 cent.

863. — **Paire d'importants Candélabres**, à trois lumières, formés chacun d'un vase ovoïde, à col évasé et piédouche portant un bouquet de roses en bronze patiné et bronze doré. Sur le vase est une frise d'Amours en bas-relief et deux anses-anneaux. Le col, le piédouche, ainsi que le culot, sont ornés de feuillages, canaux, etc. Le bouquet porte-lumières est formé de branches de roses avec grappes de raisin débordant du vase. Contre-socle en marbre bleu turquin orné de perles. Époque Louis XVI.

Haut., 65 cent.

864. — Petit Vase, en marbre blanc, à anses et fleurs en bronze doré, sur base en marbre bleu turquin.

Haut., 20 cent.

865. — Paire de Buires à anse, en métal émaillé bleu, montées en bronze ciselé et doré : petit mascaron, anse à feuillage, culot orné, piédouche à godrons.

Haut., 30 cent.

866. — Vase-Cassolette, en verre bleu à facettes ; monture en bronze ciselé et doré : collerette ajourée à deux anses, et quatre pieds reliés par des cordons de perles. Socle en marbre blanc.

Haut., 32 cent.

867. — Paire de petits Vases, en verre bleu à facettes ; monture en bronze ciselé et doré : cols à draperies, bases à laurier et grecque. Époque Louis XVI. Contre-socles en marbre blanc et rang de perle.

Haut., 17 cent. 1/2.

868. — Paire de Vases, en forme d'urnes antiques, en porphyre oriental, avec godrons à la base, et piédouche. Monture en bronze ciselé et doré à deux anses, formées chacune de deux serpents enlacés. Ils sont munis de bouquets de fleurs de lis formant candélabres à trois lumières, en bronze ciselé et doré, d'époque Louis XVI.

Haut. totale, 1 mètre environ.

869. — Paire de Vases, forme Médicis, en albâtre oriental à panse godronnée. Monture en bronze ciselé et doré à deux anses mouvementées à feuillages et grappes de raisin ; socles carrés à milleraie. Époque Louis XVI.

Haut., 40 cent.

870. — Vase, forme Médicis, en granit rose d'Égypte ; monture en bronze ciselé et doré à deux anses-consoles et têtes de béliers ; culot à feuillage, piédouche à tore de laurier et base carrée ornée de moulures. Époque Louis XVI. Contre-socle en bois noir et baguettes de cuivre.

Haut., 46 cent. 1/2.

871. — Lustre, à douze lumières, forme lampe antique, en bronze patiné et doré, suspendu par six chaines. Époque Restauration.

14

872. — PLAFONNIER électrique, à quatre lumières, formé d'une couronne de roses suspendue par des cordelettes avec nœuds de ruban, en bronze doré. Style Louis XVI.

873. — LUSTRE à douze lumières, en bronze doré, orné de cristaux : plaquettes, rosaces, pyramides et boules. Style Louis XVI.

874. — GRAND LUSTRE, à vingt-huit lumières, en bronze doré, orné de cristaux : plaquettes, rosaces, pyramides et boule. Style Louis XIV. Disposé pour l'éclairage électrique.

875. — GRAND LUSTRE, à vingt-huit lumières, en bronze doré, orné de cristaux : plaquettes, rosaces, pyramides et boule. Style Louis XIV. Disposé pour l'éclairage électrique.

876. — LUSTRE, à douze lumières, en bronze ciselé et doré ; modèle à carquois surmonté d'un vase et porté par des chainettes. Style Louis XVI. Maison *Denière*.

877. — LUSTRE, à douze lumières, en bronze doré, orné de cristaux : plaquettes, rosaces, pyramides et boule. Époque Louis XIV.

PENDULES ANCIENNES

878. — PETITE PENDULE, en bronze doré : statuette de Louis XIV debout. Restauration.

879. — PENDULE, en bronze doré : figure de femme allégorique. Époque Restauration.

880. — PENDULE, en marbre noir et blanc, à mouvement supporté par deux pilastres renforcés de consoles. Elle est ornée de motifs en bronze ciselé et doré. Époque Louis XVI.

881. — PENDULE-CARTEL-APPLIQUE et son socle cul-de-lampe, en vernis Martin à fond rouge et fleurs en couleur, richement ornée de bronzes à feuillage rocaille et corbeille fleurie. Cadran marqué *Dubourg, à Bourbonne*. Époque Louis XV.

Haut.. 1^m,20.

882. — PENDULE-CARTEL d'alcôve, avec sonnerie à répétition, en bronze ciselé et doré ; cadran entouré de guirlandes et surmonté d'un vase ; culot à feuillages. Fin de l'époque Louis XV.

Haut.. 44 cent.

883. — PENDULE-CARTEL-APPLIQUE, en bronze ciselé et doré. Couronnement fait d'un vase à anses têtes de béliers et guirlande de chêne retombant en chute par côté et se rattachant au-dessous du cadran marqué *Guye, à Paris ;* cul-de-lampe à canaux et feuillage. Fin de l'époque Louis XV.

Haut . 60 cent. environ.

884. — PENDULE, en marbre blanc et bronze ciselé et doré. Le mouvement, dont le cadran porte la marque *De Belle, rue Saint-Honoré, à Paris,* est surmonté d'une figurine de bacchante étendue, et soutenu par deux Amours ailés sur des boucs. Socle orné d'une frise et de perles, sur six petits pieds. Époque Louis XVI.

Haut.. 54 cent. — Larg . 40 cent.

885. — PENDULE, en bronze, formée d'un lion de profil, à patine brune, la patte sur une boule, portant le mouvement, entouré de laurier et surmonté d'un vase à deux anses enguirlandé de chêne, en bronze ciselé et doré, ainsi que le socle de forme rectangulaire, orné au centre d'une médaille d'Henri IV, avec guirlandes et rosaces reposant sur quatre pieds. Époque Louis XVI.

Haut., 58 cent.

886. — PENDULE, formée d'un fût de colonne cannelée en bronze patiné portant le cadran et surmonté d'un vase orné de guirlandes en bronze ciselé et doré, ainsi que le socle sur lequel repose la pendule, qui est rectangulaire, à quatre pieds grecs, orné sur la face antérieure de deux figures d'Amours et sur la face postérieure de deux vases. Contre-socle, également en bronze doré, décoré d'une frise de postes et portant la signature d'*Osmond*. Époque Louis XVI.

Haut., 45 cent.

OBJETS DIVERS, SCULPTURES, OBJETS DE L'EXTRÊME-ORIENT

887. — PAIRE DE PETITS CACHE-POTS, à deux anses, en tôle émaillée et laquée dans le goût chinois de deux médaillons à paysage sur fond aventuriné. Époque Louis XV.

888. — PAIRE DE CACHE-POTS, en cuivre, à godrons à la base, laqués dans le style chinois, en dorure sur fond noir. Époque Louis XIV.

Haut., 20 cent.

889. — MÉDAILLON ovale, en marbre blanc sculpté. Portrait présumé de *Marie-Antoinette*, en buste, de profil à droite. Cadre doré de style Louis XVI, à palmes de laurier et armoiries de France et d'Autriche, à la partie supérieure.

Haut. du marbre, 50 cent. — Larg., 40 cent.

890. — PAIRE DE COLONNETTES-SUPPORTS, avec tablettes et socles carrés en marbre brèche violet, les bases et chapiteaux en bronze doré.

Haut., 1ᵐ,03.

891. — MIROIR, en bois noir, orné d'appliques en cuivre; fronton à animaux et feuillages. Dix-septième siècle.

892. — DEUX STATUETTES, en terre cuite : *Jeune Garçon jouant de la cornemuse* et *Fillette jouant de la vielle*. Socles-moulures en marbre blanc. Style du dix-huitième siècle.

Haut., 68 cent.

893. — DEUX FÛTS DE COLONNES cannelés en spirale, marbre rouge tacheté de blanc, base moulurée et socle en marbre blanc.

Haut. 1ᵐ.15.

894. — MÉDAILLON ovale, encadré en stuc peint : groupe de trois enfants en bas-relief : *Allégorie de l'Été*.

895. — PETITE GAINE carrée, en marbre brèche et marbre blanc.

Haut., 65 cent.

896. — PAIRE D'APPLIQUES porte-lumière, en cuivre repoussé et argenté. Saint en bas-relief au centre d'un cartouche mouvementé. Dix-septième siècle.

897. — PETIT COFFRET rectangulaire, en bois de violette, ferrures en cuivre découpé à fleurs de lis. Époque Louis XIII.

898. — PETIT CABINET rectangulaire, ouvrant à deux portes, en laque à fond noir, et décor chinois en dorure; ferrures en cuivre gravé et doré. Époque Louis XIV.

Haut., 32 cent. — Larg., 39 cent.

899. — MÉDAILLON ovale, en marbre blanc, sur lequel est appliqué un bas-relief en bronze doré: *Profil de Louis XV*. Encadrement en cuivre.

900. — CHIEN assis sur socle rectangulaire en marbre sculpté.

901. — ÉCUSSON, en tôle émaillée et décorée en dorure des armoiries de France. Époque Louis XVI.

902. — PAIRE DE VASES brûle-parfum, de forme ovale, avec couvercle, en terre cuite peinte en gris et rehaussée d'or. Ils sont ornés de guirlandes de laurier retenues par des anneaux, frise de piastres et ornements divers. Époque Louis XVI.

903. — BUSTE D'HOMME vêtu d'une cuirasse, en terre cuite sur piédouche en marbre blanc. Dix-huitième siècle.

Haut., 65 cent.

904. — DEUX CONFITURIERS COUVERTS, une coupe et un saladier en cristal taillé de la Restauration.

905. — GRILLAGE, en bronze doré, orné de fleurs.

906. — Porte-Bouquet fait de deux vases jumeaux, en ancien bronze chinois, à patine marron, tacheté d'or, reliés par une cordelette nouée sur les côtés. Socle en bois.

Haut., **20** cent.

907. — Deux petits Panneaux carrés anciens, en laque de Chine; personnages en dorure sur fond brun.

908. — Deux Panneaux rectangulaires, à angles rentrants arrondis, ornés au centre d'un panneau rond en laque à fond noir avec paysage et personnages en dorure. Dix-huitième siècle.

Haut., **40** cent. — Larg., **47** cent.

909. — Deux Plaques circulaires, en ancien émail cloisonné de Chine, décorées, en couleur, de nénuphars, feuillages et volatiles, sur fond bleu turquoise. Époque *Kien-Lung*.

Diam., **25** cent.

910. — Brule-Parfum couvert, à trois pieds et anses à têtes de dragons avec anneaux mobiles, en ancien émail cloisonné de Chine, décoré d'arabesques en couleur sur fond bleu turquoise; sur le couvercle, chimère rapportée, en bronze.

911. — Paire de Vases, à col cylindrique, et deux petites anses-tubes, en ancien émail cloisonné de Chine, décorés, en émaux de couleur, d'arabesques et fleurs sur fond bleu turquoise.

Haut., **22** cent.

SIÈGES ANCIENS ET MODERNES, SIÈGES COUVERTS EN ANCIENNE TAPISSERIE

912. — PETIT TABOURET, bois sculpté, couvert en broderie au point de Hongrie. Style Louis XV.

913. — DEUX BERGÈRES, SIX FAUTEUILS, QUATRE CHAISES ET UN TABOURET, en bois sculpté peint en noir et rehaussé de dorure, à motifs de fleurettes. Recouverts en velours frappé. Style Louis XV.

914. — TABOURET, forme tambour, à arcatures ajourées et quatre pieds, en bois sculpté doré, recouvert en velours frappé. Style Louis XVI.

915. — TABOURET rectangulaire, à quatre pieds cannelés, ornés de rosaces et frise d'entrelacs, en bois sculpté doré, recouvert en tapisserie au point à fleurettes et rayures. Style Louis XVI.

916. — DEUX TABOURETS rectangulaires, en bois sculpté doré, de style Louis XVI. Ils sont recouverts d'ancienne tapisserie à fleurs.

917. — QUATRE PETITS TABOURETS DE PIED, rectangulaires, en bois sculpté doré, à quatre pieds cannelés, ornés de rosaces avec frise d'entrelacs, de style Louis XVI. Ils sont recouverts de soie à fleurettes. Maison *Fournier*.

918. — TABOURET ovale, à quatre pieds, rosaces et feuille d'eau, recouvert en broderie au point de Hongrie. Style Louis XVI.

919. — TABOURET rond, à quatre pieds, bois sculpté doré, recouvert en tapisserie au point; fleurs et feuillages. Style Louis XVI.

920. — TABOURET ovale, canné, à quatre pieds cannelés avec rosaces, bois sculpté doré. Style Louis XVI.

921. — TABOURET carré, en bois sculpté doré, recouvert en soie. Style Louis XVI.

922. — QUATRE CHAISES, en bois sculpté doré, dossier à arcatures sur colonnettes, pieds cannelés ornés de rosaces, garnies de tapisserie au point à rayures et fleurettes. Style Louis XVI.

923. — BERGÈRE, en bois sculpté doré, recouverte en velours. Style Louis XVI.

924. — CANAPÉ D'ENCOIGNURE canné, en bois sculpté doré, de style Louis XVI. Maison *Fournier*.

925. — DEUX FAUTEUILS d'encoignure et DEUX CHAISES cannées, en bois sculpté peint, de style Louis XVI. Maison *Fournier*.

926. — DEUX PETITES BERGÈRES, à accotoirs-balustres cannelés en spirale, bois sculpté peint en blanc avec partie dorée, ornées de rosaces sur les pieds. Elles sont recouvertes en soie. Style Louis XVI.

927. — AMEUBLEMENT DE SALON, composé d'un canapé, deux bergères, six fauteuils et quatre chaises, en bois sculpté doré, de style Louis XVI. Il est recouvert de soie rayée rouge.

928. — AMEUBLEMENT DE SALON, composé de deux canapés, deux fauteuils et deux chaises, en bois sculpté peint en gris et doré, de style Louis XVI. Dossiers ajourés ornés de lyres, sur les canapés, et médaillon central avec attributs de l'Amour. Garniture en lampas à dessins argent sur fond rose.

929. — QUATRE FAUTEUILS et DEUX CHAISES à dossier ovale, à quatre pieds cannelés, en bois sculpté doré, ornés d'entrelacs et rosaces. Style Louis XVI. Ils sont recouverts en velours de Gênes moderne.

930. — DEUX BERGÈRES et DEUX FAUTEUILS à accotoirs, têtes de sphinx et pieds à griffes, couverts en velours frappé. Époque Empire.

931. — CHAISE cannée, en bois sculpté rehaussé d'or : coquille et feuillage. Époque Régence.

932. — QUATRE FAUTEUILS cannés, en bois sculpté rehaussé d'or : coquille, feuillages et croisillon. Époque Régence.

933. — CHAISE paillée, en bois sculpté, à dossier ajouré. Époque Louis XVI.

934. — TABOURET-COUSSIN, de forme ovale, garni d'une broderie au point de chaînette : bouquet de fleurs liées par un nœud de ruban. Dix-huitième siècle.

935. — PETITE CHAISE D'ENFANT, en bois sculpté ciré, à dossier renversé et ajouré, à motif de lyre et rosace; le siège est recouvert en ancienne soie rayée. Fin de l'époque Louis XVI.

936. — DEUX PETITS FAUTEUILS, en bois sculpté, en partie doré, à pieds cannelés et rosaces, accotoirs à balustres; recouverts en soie. L'un est de l'époque Louis XVI, l'autre est moderne.

937. — FAUTEUIL à dossier-médaillon ovale, en bois sculpté doré. Il est recouvert aux siège et dossier d'ancienne tapisserie fine d'Aubusson, à corbeilles de fleurs et guirlandes sur fond blanc. Contre-fond bleu. Époque Louis XVI.

938. — DEUX CHAISES à siège et dossier ovales, à quatre pieds cannelés, en bois sculpté doré, orné d'entrelacs et de rosaces attribuées à *Jacob*. Époque Louis XVI. Elles sont recouvertes en velours de Gênes moderne.

939. — CHAISE à dossier ajouré et médaillon ovale entre deux pilastres, à quatre pieds fuselés et cannelés en spirale: bois sculpté doré orné d'entrelacs et rais de cœur. Elle est recouverte d'ancien lampas de soie à branches fleuries et oiseaux, argent sur fond rose. Époque Louis XVI.

940. — COUSSIN garni d'ancienne tapisserie.

941. — TABOURET-POUF, couvert en ancienne tapisserie au point : personnage et fleurs.

942. — Coussin rond, fait d'un siège en ancienne tapisserie d'Aubusson : animaux dans un paysage. Dix-huitième siècle.

943. — Deux grands Fauteuils, en bois sculpté doré, de style Louis XVI. Ils sont recouverts en ancienne tapisserie d'Aubusson, du temps de Louis XVI, à draperie enguirlandée de fleurs avec personnages aux dossiers et animaux aux sièges, sur fond blanc. Contre-fond rouge.

VITRINES ET ARMOIRES VITRÉES

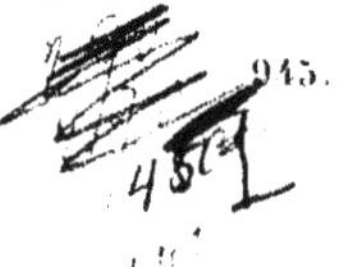

944. — Deux petits Meubles d'entre-deux, formant vitrines hautes et plates, en acajou, ornés de baguettes de cuivre; fond de glace. Style Louis XVI.

Haut., 1m,10. — Long., 75 cent. — Prof., 54 cent.

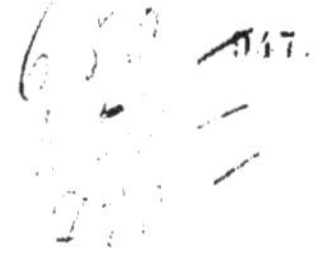

945. — Deux Meubles-Vitrines aux côtés arrondis, à étagères, en chêne sculpté rehaussé de dorure, reposant sur six pieds. Style Louis XV.

Haut., 1m,80. — Larg., 1m,34.

946. — Deux Bibliothèques ouvrant à deux portes en partie vitrées; ébène incrusté de filets de cuivre. Socle de base et corniche de couronnement.

Haut., 2m,80. — Larg., 1m,30. — Prof., 40 cent.

947. — Trois Bibliothèques semblables, ouvrant chacune à deux portes vitrées et cintrées à la partie supérieure, en acajou incrusté de filets de cuivre. Corniche de couronnement et socle de base. Style dix-huitième siècle.

Haut., 2m,30. — Larg., 1m,25. — Prof., 40 cent.

948. — Vitrine murale à coins arrondis, en acier bronzé et glace, avec tablettes, sur socle en bois. Maison *Chamouillet*.

Haut., 2m,25. — Long., 1m,75. — Prof., 34 cent.

MEUBLES ANCIENS ET MODERNES

949. — TABLE à trépied, formant pupitre à lire, en bois de rose et filet noir.

950. — ÉTAGÈRE à tablettes, en acajou et filets de cuivre.

Haut., 2 mètres., — Larg , 1 mètre.

951. — DEUX MEUBLES-ÉTAGÈRES à tablettes, formant bibliothèques, en acajou et filets de cuivre incrustés.

Haut., 1ᵐ,18. — Long , 58 cent — Larg , 35 cent.

952. — PETITE TABLE rectangulaire à deux tablettes, en acajou incrusté de filets de cuivre et baguettes; dessus de marbre à galerie. Style Louis XVI.

953. — TABLE-ÉTAGÈRE à trois plateaux mobiles, rectangulaire, en bois de couleur, à deux pieds : double colonnette.

954. — PETITE TABLE LISEUSE à pupitre, en acajou, à deux pieds ajourés. Style Louis XVI.

955. — TABLE A JEU à quatre pieds cannelés, en acajou, incrustée de filets et baguettes de cuivre. Style Louis XVI.

956. — GRAND MEUBLE-ÉTAGÈRE à côtés arrondis, en bois noir, avec appliques en bronze de style japonais.

Haut., 2ᵐ,25. — Larg., 1ᵐ,60.

957. — TABLE DE BOUILLOTTE, en acajou, ornée de baguettes de cuivre. Style Louis XVI.

958. — TRÈS PETITE TABLE carrée, en bois de rose à losanges. Style Louis XV.

959. — Petite Table rectangulaire, à quatre pieds et tablette d'entre-jambe, en bois de placage et marquetée à fleurs sur le dessus, ornée de bronzes. Style Louis XV.

960. — Deux petits Supports-Trépieds en acajou, à crémaillère, avec plateau supérieur rond en marbre brèche entouré d'une galerie ajourée en cuivre. Style Louis XVI.

961. — Petite Table rectangulaire contournée, avec tablette d'entre-jambe en bois satiné, ouvrant à tiroir, et tablette à la ceinture. Style Louis XV.

962. — Table-Bouillotte, en acajou, filets incrustés et baguettes de cuivre. Style Louis XVI.

963. — Deux petits Guéridons à trépied et entre-jambe en acajou et filets de bois jaune. Style anglais. (Hauteurs différentes.)

964. — Petite Table a jeu, avec dessus s'ouvrant à charnière, sur quatre pieds carrés et croisillon, en acajou, de style anglais.

965. — Petite Table ronde à quatre pieds colonnettes, et deux tablettes, en acajou; dessus de marbre griotte avec galerie ajourée en cuivre. Style Louis XVI.

966. — Console à côtés arrondis, en bois sculpté peint; dessus de marbre brèche violet. Style Louis XVI. Maison *Fournier*.

Long. 1m,55.

967. — Trois Socles-Supports ronds, en bois de fer ajouré, et tablette de marbre incrusté.

Haut., 90 cent.

968. — Armoire ouvrant à deux portes, en bois noir et imitation de laque de Coromandel, à personnages.

Haut. 1m,05. — Larg., 1m,15.

969. — Écran, en bois sculpté doré, de style Louis XVI. Il est garni d'une feuille en ancienne soie blanche brodée au passé en soies de couleur: vase de fleurs avec applications de galon.

Haut., 1m,05.

970. — CONSOLE de salle à manger, en bois sculpté peint, à pieds volutes et coins arrondis; dessus de marbre. Style Louis XVI. Maison *Fournier*.

971. — PETITE TABLE rectangulaire, à quatre pieds carrés, trois tablettes et tiroir à la ceinture, ornée de plaques en ancienne laque de Chine ; acajou et bronzes ciselés : moulures. rosaces, etc. Style Louis XVI.

972. — GUÉRIDON-ÉTAGÈRE à cinq plateaux, trois pieds et renflement vers la base, en bois de rose orné de bronzes avec galeries ajourées en cuivre. Estampille de *Beurdeley*. Style Louis XVI.

Haut., 1 mètre.

973. — PAIRE DE PETITS MEUBLES-ÉTAGÈRES à tablettes, en acajou, à colonnettes, et ornés de moulures en cuivre. Dessus entouré d'une galerie ajourée. Estampille de *Durand*. Style Louis XVI.

Haut., 94 cent. — Larg., 40 cent.

974. — BUREAU à cylindre, à quatre faces. ouvrant à tiroirs, en acajou, avec filets et baguettes de cuivre; garniture de bronzes dorés. Dessus marbre avec galerie ajourée. Style Louis XVI.

Haut., 1ᵐ,20. — Long., 1ᵐ,33. — Prof , 67 cent.

975. — GRAND GUÉRIDON ou table ronde à quatre pieds fuselés et cannelés. avec croisillon découpé et ajouré, en acajou, avec filets incrustés et baguettes de cuivre; il est orné de bronzes ciselés et dorés. Style Louis XVI. Estampille de *Grohé*.

Diam., 1ᵐ.10.

976. — DEUX CONSOLES-SERVANTES à côtés arrondis. ouvrant à trois tiroirs à la ceinture, dont ceux de côté à ressort, et tablette inférieure, à quatre pieds, en acajou, ornées de baguettes et moulures à perle en cuivre. Dessus de marbre brèche. Style Louis XVI. Maison *Fournier*.

Long., 1ᵐ,15. — Prof., 43 cent.

977. — DEUX VITRINES semblables, à hauteur d'appui, avec avant-corps au centre, ouvrant à trois portes vitrées, en acajou, orné de bronzes ciselés et dorés. corniches à oves et dessus de marbre. Style Louis XVI.

Haut. 1ᵐ.30. — Larg., 1ᵐ.60. — Prof , 48 cent.

978. — PETIT MEUBLE D'ENTRE-DEUX, de forme contournée, sur quatre pieds, ouvrant à deux portes, en marqueterie de bois de couleur à fleurs. Garniture de bronzes. Dessus de marbre.

979. — PETITE ARMOIRE ouvrant à deux portes, en marqueterie de bois de couleur sur la face et les côtés : médaillons avec trophées d'instruments de musique, vases de fleurs. Garniture de bronzes. Dessus de marbre.

Haut., 1^m,33. — Larg., 94 cent. — Prof., 40 cent.

980. — PETIT COFFRE à bois, formé de sept panneaux gothiques en bois sculpté ; dessus en tapisserie au point.

Long., 1 mètre. — Haut., 50 cent.

981. — PETITE ARMOIRE à hauteur d'appui, à deux portes, en bois de placage à losanges et filets. Époque Louis XIV.

Haut., 1^m,05. — Larg., 85 cent. — Prof., 33 cent.

982. — ÉCRAN étroit, en bois sculpté peint en noir et dorure ; il est muni d'une feuille mobile, soie rayée. Époque Régence.

Haut., 1^m,05. — Larg., 43 cent.

983. — MEUBLE D'ENTRE-DEUX, de forme contournée, à tablettes, en bois de placage, orné de bronzes. Époque Régence. Socle analogue moderne.

Haut. 1^m,10. — Larg., 85 cent.

984. — CONSOLE en bois sculpté peint et en partie doré, à feuillages, rocailles, etc. Dessus de marbre. Époque Louis XV.

985. — GRAND LIT à dossiers mouvementés à crosse, en bois sculpté, peint en noir avec rehauts de dorure. Époque Louis XV.

986. — PETITE TABLE rectangulaire à quatre pieds cambrés, en marqueterie de bois de placage, à tiroir, ornée de bronzes rapportés. Estampille de *H. Hansen*. Époque Louis XV.

Haut., 73 cent. — Larg., 24 cent. — Long., 47 cent.

987. — COMMODE de forme contournée, à trois rangs de tiroirs, en bois de placage, ornée de bronzes. Dessus de marbre. Époque Louis XV.

Long., 1^m,15. — Haut., 84 cent.

988. — SECRÉTAIRE de forme contournée, ouvrant à tiroir, abattant et deux portes, en bois de placage, orné de bronzes. Dessus de marbre brèche. Époque Louis XV.

Haut., 1ᵐ,40 — Larg. 1 mètre.

989. — BUREAU A DOS D'ANE, ouvrant à abattant, portes et tiroirs, en laque à fond noir ornée de pagodes avec personnages en couleur et dorure. Intérieur en bois de placage. Époque Louis XV.

Haut., 97 cent. — Long., 97 cent. — Prof., 47 cent.

990. — TABLE-LISEUSE, de forme contournée, reposant sur quatre pieds cambrés, en bois de placage, satiné et violet. Le dessus est à pupitre se levant à crémaillère, entre deux pochettes ouvrant à charnière. Estampille de *Migeon*, maître ébéniste. Époque Louis XV.

Long., 83 cent. — Larg., 40 cent.

991. — PETITE TABLE-POTENCE, à trépied et tablette marquetée à fleurs. Dix-huitième siècle.

992. — MEUBLE D'ENTRE-DEUX, de forme cintrée en façade, ouvrant à deux portes, en laque noire, décoré, sur la face et les côtés, de paysages montagneux, avec arbustes et oiseaux en dorure. Chutes, encadrement et autres ornements rapportés en bronze doré. Dessus de marbre. Dix-huitième siècle.

Haut., 88 cent. — Long., 1ᵐ,10. — Prof., 60 cent.

993. — TABLE A JEU triangulaire, dessus à charnière, en acajou. Époque Louis XVI.

994. — PETITE TABLE-BUREAU rectangulaire, ouvrant à trois tiroirs, à pieds cannelés, en acajou, ornée de baguettes de cuivre. Époque Louis XVI.

Haut., 75 cent. — Long., 66 cent. — Larg., 42 cent.

995. — CONSOLE-SERVANTE, à coins arrondis rentrants, avec tiroir à la ceinture, quatre pieds cannelés, en acajou et baguettes de cuivre. Tablette inférieure et dessus en marbre blanc avec galerie ajourée. Époque Louis XVI.

Haut., 85 cent. — Long., 1ᵐ,13.

16

996. — DEUX COMMODES, forme demi-lune, à trois tiroirs et portes latérales, en bois de placage avec filets. Dessus de marbre. Époque Louis XVI.

> Haut., 85 cent. — Larg., 70 cent.

997. — PETIT BUREAU plat rectangulaire, à quatre pieds cannelés, avec tiroir, en acajou et baguettes de cuivre. Époque Louis XVI.

> Haut., 72 cent. — Long., 86 cent. — Larg., 45 cent.

998. — TABLE A JEU, à quatre pieds, dont deux mobiles pour recevoir le volet du dessus, en acajou, avec incrustations et moulures en cuivre. Époque Louis XVI.

999. — PETIT MEUBLE, forme console, à côtés arrondis, en bois de placage, à quatre pieds, tablette d'entre-jambe et dessus de marbre. Estampille de *I. Darnais*, maître ébéniste. Époque Louis XVI.

1000. — TABLE OVALE à allonges, en acajou, à six pieds fuselés et cannelés. Elle est enrichie de cuivres. Époque Louis XVI.

1001. — GUÉRIDON-TRÉPIED, avec croisillon, pieds à griffes et volutes, en bronze doré, avec deux tablettes de marbre. Époque Louis XVI.

> Diam., 60 cent.

1002. — PETITE TABLE ovale à deux tablettes, quatre pieds carrés gaines, en acajou, avec rosaces en bronze et galerie ajourée en cuivre. Époque Louis XVI.

1003. — PETITE TABLE ovale, semblable à la précédente, de fabrication moderne.

1004. — PETIT CASIER, à deux étagères, à quatre pieds et côtés ajourés, en acajou, orné de rosaces et perles en bronze doré. Époque Louis XVI. Il repose sur un socle moderne à quatre pieds en acajou.

> Haut., 57 cent. — Larg., 51 cent. — Prof., 38 cent.

1005. — MEUBLE D'ENTRE-DEUX à côtés arrondis, ouvrant sur la face, à trois rangées de tiroirs avec portes latérales, en marqueterie de bois de placage en couleur : au centre, trophée d'instruments de musique et fleurs; sur les côtés, vases fleuris; sur le tiroir supérieur, losanges avec rosaces. Garniture de bronzes dorés. Dessus de marbre brèche. Estampillé des initiales R C K F. Époque Louis XVI.

Haut., 89 cent. — Long., 1ᵐ,18. — Prof., 48 cent.

1006. — MEUBLE D'ENTRE-DEUX, formant secrétaire, reposant sur quatre pieds. Il ouvre à abattant à la partie supérieure, et à une porte à la partie inférieure; les côtés arrondis forment étagères et armoires; trois tiroirs en haut, dont deux, ceux de côté, ouvrent à ressort. Il est en acajou moucheté, enrichi de moulures à feuillage et perles, avec chapiteaux des colonnes latérales, en bronze ciselé et doré, de même qu'un motif bas-relief appliqué au centre de l'abattant, et qu'une rangée d'oves au-dessous du marbre blanc couronnant le meuble. *Attribué à Riesener*. Époque Louis XVI.

Haut.. 1ᵐ,40. — Larg., 96 cent. — Prof., 39 cent.

TAPISSERIES ANCIENNES, TENTURES BORDÉES
TAPIS D'ORIENT

1007. — Panneau rectangulaire, en satin noir, brodé d'ustensiles divers en or. Travail chinois.

1008. — Cinq Panneaux rectangulaires, en soie brodée au passé, en couleur : vase orné de fleurs; applications de galon. Époque Louis XIV.

1009. — Sept Bandes verticales, en broderie de soie de couleur, au point de Hongrie : rinceaux de feuillage et fleurs. Dix-septième siècle.

Haut. d'une bande, 2m,45. — Larg., 15 cent.

1010. — Panneau de tenture, formé d'une bande verticale et deux fragments rectangulaires, en ancienne tapisserie au point; composition dans le goût de Bérain, à portique en treillage avec fleurs, vases et arabesques. Époque Louis XIV.

Haut., 2m, 54. — Larg., 72 cent.

1011. — Deux Panneaux de tenture, composés chacun d'une partie centrale en velours rouge et applications d'ancienne broderie : paniers fleuris, guirlandes, vases, etc., encadrée de deux montants en forme de colonnes torses enguirlandées de feuillages et fleurs, en ancienne tapisserie au petit point. Dix-septième siècle.

Haut., 2m,85. — Larg. de chaque panneau, 1m,70, 2m,80.

1012. — Bandeau, en ancienne tapisserie du dix-huitième siècle, à guirlandes de fleurs en couleur, sur fond blanc.

Long., 1m,20. — Haut., 27 cent.

1013. — TAPISSERIE FLAMANDE, offrant sur fond de paysage un sujet mythologique : *Cérès sur son char*. Encadrement de bordures à fleurs et feuillage. Dix-septième siècle.

Haut., 2m,95 — Larg., 4m,30

1014. — TAPISSERIE RECTANGULAIRE d'*Aubusson*, à sujet maritime animé de trois personnages en costume oriental. Encadrement de bordures simulant un cadre enguirlandé de fleurs. Dix-huitième siècle.

Haut., 2m,90. — Larg., 1m,78.

1015. — TAPIS DE TABLE A JEU, de forme rectangulaire, en ancienne *tapisserie d'Aubusson*; au centre, blason avec armoirie et couronne, cartes à jouer et entourage à baguette enguirlandée de fleurs sur fond crème. Dix-huitième siècle.

Long., 84 cent. — Larg., 60 cent.

1016. — PANNEAU RECTANGULAIRE formé d'une partie centrale en ancienne *tapisserie d'Aubusson*, du dix-huitième siècle, figurant des roses trémières, rapportée sur un fond avec encadrement en tapisserie moderne.

1017. — DEUX PANNEAUX D'ENTRE-DEUX, faisant pendants, en ancienne tapisserie fine *d'Aubusson*, offrant chacun sur fond blanc un trophée d'attributs relatifs à la *Peinture* et à la *Musique*, soutenu par un ruban avec nœud s'attachant à l'encadrement fait de rinceaux enguirlandés de fleurs. A la base, paysage avec oiseau et arbustes. Contre-fond rouge. Époque Louis XV. Cadres dorés.

Haut., 2m,20. — Larg., 45 cent.

1018. — TAPIS D'ORIENT, anciens et modernes, de grandeurs variées. Dix pièces environ. (Sera divisé.)

PARIS

TYPOGRAPHIE PLON-NOURRIT et Cⁱᵉ

Rue Garancière, 8